KB247817

현장 회화의 기초를 쉽게 다진다!

STANDARD
標準日本語

監修 | 姜錫祐
(가톨릭대학교 교수)
水野義道
(京都工芸繊維大学 准教授)
生越直樹
(東京大学 教授)

初 級

4

일본어 으뜸
(주)시사일본어사
book.japansisa.com

Preface 머리말

이 책은 일본의 명문 교과서 출판사인 光村図書出版과 중국을 대표하는 人民教育出版社가 공동개발하여 중국 전토에서 경이로운 판매실적을 올리고 있는 「新版 中日交流標準日本語」의 한국어판입니다.

한국어판 「표준일본어」에서는 한국의 출판시장과 교육환경을 감안하여 칼라인쇄와 분권(전 4권)을 비롯하여 회화문과 문법설명의 한국화나 청해연습의 강화 등 개편된 부분이 많이 있습니다.

이 한국어판 「표준일본어」가 나오기까지는 많은 분들의 도움이 있었습니다. 우선 이 책의 출판을 권유해주신 고려대학교 이한섭 교수님과 한국어판의 출판을 흔쾌히 승낙해주신 光村図書出版의 常田寛 사장님과 人民教育出版社에 감사드립니다. 그리고 한국인 학습자들에게 맞도록 1년이 넘도록 개편작업을 이끌어주신 가톨릭 대학교 강석우 교수님, 京都工芸繊維大学 水野義道 교수님, 東京大学 生越直樹 교수님, 편집에 많은 조언을 해주신 光村図書出版의 紀伊萬年 고문님과 松尾謙一郎 이사님께도 감사드리는 바입니다.

일본 기업에서 일하는 로칼 사원의 이야기를 근간으로 하여 일본어기본문형을 망라한 본격적인 교재인 이 「표준일본어」가 일본어를 공부하는 한국인 학습자들에게 새로운 길잡이가 될 것을 믿고 나아가서는 한·중·일의 우호선린에 공헌하는 인재양성에 조금이나마 이바지할 수 있다면 더할 나위 없이 기쁘겠습니다.

2010년 2월
시사일본어사
회장 엄호열

Structure 이 책의 내용과 구성

I. 이 책의 내용

1. 편집 목적

『STANDARD 표준일본어』(이하, 「이 책」)는 2005년에 출판된 『中日交流標準日本語(개정판)』의 번역·개정판입니다. 현재의 일본어 교육 및 사회 정세의 다양한 변화에 맞추어 21세기 일본어 교육의 기초가 되는 서적의 출판을 목표로 하였습니다.

2. 편집 방침

기본적 일본어 학습만이 아닌, 학습자가 일본의 문화와 사회배경 등에 관해서도 깊은 지식을 쌓을 수 있도록 하였습니다.

3. 특징과 장점

① 발음과 문자

「입문학습」을 마련해서 발음과 문자를 집중적으로 해설했습니다.

② 문형과 문법

＊문형, 문법사항은 쉬운 것부터 어려운 것으로 계통적, 단계적으로 배열했습니다.

＊문법해설은 학습자의 모국어의 특성과 동의형식 사용의 차이를 중시하여 기초적인 설명 이외에 필요에 따라 「꼭 알아두세요」와 「알아두면 좋아요」를 마련했습니다.

③ 어휘

＊각 과의 신출어휘 이외에 별도로, 책 말미에는 다양하게 도움이 되는 단어를 수록했습니다.

④ 문체

이 책에서는 원칙적으로 「です」「ます」로 끝나는 정중한 문형을 채용하였으며, 표준적이고 자연스러우며 아름다운 일본어의 제시를 위해 노력했습니다.

⑤ 한자 읽기와 한국어 번역

＊학습자의 편의를 고려하여 본문, 해설, 연습 등에 나온 모든 일본어 한자에 대해서 첨자를 붙였습니다.

＊문법해설의 용례에는 한국어 번역을 병기하였습니다.

⑥ 문화적 내용

일본의 언어 습관, 생활과 문화, 한일교류, 한국과 일본을 둘러싼 사회 정세 등, 최대한 다양한 분야에서 소재를 모아 내용을 구성했습니다.

II. 이 책의 구성

1. 전체 구성

전 4권으로 구성되었으며, 각 권에 12과를 수록했습니다. 제1권에는 「입문학습」을 마련했습니다.

> 1권 입문학습, 1과~12과, 권말부록
> 2권 13과~24과, 권말부록
> 3권 25과~36과, 권말부록
> 4권 37과~48과, 권말부록

2. 입문학습

본과 학습에 들어가기 전에 발음과 문자 등, 일본어 학습의 기초지식을 중점적으로 학습하기 위한 입문학습을 마련했습니다. I. 일본어의 발음에서는 50음도를 기초로 모음과 자음에 대해, II. 일본어 문자와 쓰는 법에서는 히라가나와 가다가니의 필순괴 유레를 학습합니다. 그리고 액센트와 어양에 관해서도 구체적인 예문을 토대로 학습합니다.

3. 부록

학습한 사항의 정리를 위해 각 권의 말미에 부록을 마련하였습니다. 부록의 내용은 관련 어휘, 문형 연습 및 청해 연습 해답, 청해 연습 스크립트, 어휘 색인입니다.

어휘 색인의 동사는 「ます형」과 「사전형」을 병기하였으며, 그룹 분류는 로마숫자로 표시했습니다.

III. 각 과의 구성

1. 신출어휘

＊학습 항목별 신출어휘를 본문에 나오는 순서에 따라 정리하였습니다.

＊한자표기가 있는 경우는 (　)안에 표시했습니다. 「勉強します」등 Ⅲ그룹 동사에 관해서는 「べん
きょうします(勉強～)」의 모양으로 표시했습니다.

＊다의어에 관해서는 본문의 내용에 관련된 한국어 번역을 했습니다.

＊2권 이후에서는 동사의 그룹 분류를 로마숫자로 표시했습니다.

＊ナ형용사는 「～だ」의 모양으로 표시했으며, 한국어 번역을 병기했습니다.

＊인명, 한국·일본의 지명은 신출어휘에 싣지 않았으며, 그 외의 고유명사는 기본적으로 신출어휘
로서 취급하였습니다.

2. 기본문형

단문의 서술형식으로 중점문형을 집중화했습니다. 중점문형은 색을 넣어 시각적으로 문법구조를
표시했습니다.

3. 기본회화

AB의 대화형식으로, 중점문형을 다시 한 번 정리했습니다.

4. 문법설명

해당 과의 문형, 문법사항과 관련 표현에 관해서 해설했습니다.

＊한국과 일본의 언어 차이와 특히 주의를 요하는 내용은 「꼭 알아두세요」로 표시했습니다. 그 외의
관련 내용과 보충사항은 「알아두면 좋아요」로 표시했습니다.

＊제시한 용례에는 모든 한자에 첨자를 붙였으며, 한국어 번역을 병기했습니다.

잘못된 용례는 첫머리에 ×를 붙여 나타냈습니다. 대응하여 설명할 필요가 있는 경우에는 ○로 적
절한 일본어를 표시하여 ×의 잘못된 부분을 구별할 수 있게 했습니다. 한 번씩 주고 받는 대화는
「—」로 응답 측을 표시하였고, 한 번을 넘는 경우, A/B의 형식으로 표시했습니다. 그리고 시각적으
로 구조를 나타내기 위해, 중요한 부분에 음영처리를 했습니다.

＊이 책의 동사의 활용은 「ます형」을 기준으로 했습니다. 원칙적으로 새로운 동사의 활용형이 나온
경우에는 「ます형」으로부터 그 활용변화를 안내하는 형식을 취하고 있습니다.

＊용례 중 인명의 한국어 번역은 「모리 씨」「오노 씨」「스미스 씨」로, 한국인 이외의 인명은 모두 성에
「～씨」를 붙였습니다. 한국인 인명의 경우에는 「～선생님」으로 했습니다.

5. 응용회화

   기본문형의 학습내용을 다시 한 번 상기시키며 발전적인 회화 예를 표시했습니다. 실제적인 장면을 상정, 그 장면에 따른 중점문형을 사용하여 자연스러운 일본어를 제시하도록 노력했습니다. 모두 48과에 걸쳐 고정된 인물이 등장하며, 생생한 스토리를 창작하였습니다.

6. 연습

   연습은 「문형연습」「청해연습」「독해연습」의 3항목이 있습니다.

   ① 문형연습

   단어 바꾸기, 말 바꾸기 연습 등을 통해 기초, 기본의 정착을 꾀했으며, 괄호 넣기 연습 등 발전적, 실천적 연습을 통해 학습한 지식을 확인하고 활용시킵니다. 부록에 일부 해답을 게재했습니다.

   ② 청해연습

   CD를 들으며 하는 청해연습을 통해 청해력, 그리고 회화력의 향상을 꾀했습니다.

   ③ 독해연습

   12과 이후부터는 4과마다 독해연습을 마련했습니다. 다양한 형식의 독해문을 통해 학습한 지식의 이해를 돕습니다. 독해연습의 하단에 내용의 이해를 확인하기 위한 문제와 해답을 게재했습니다.

7. 칼럼

   대부분 과에 일본문화와 일본 사정을 소개한 칼럼을 마련했습니다.

IV. 기타

1. 표기에 관해서

   * 1, 2권은 띄어쓰기를 채용했습니다. 3, 4권은 보통의 서식을 사용했습니다.

   * 일본어의 정식 문장 규칙에는 「?」「!」를 사용하지 않기 때문에 「?」「!」의 사용은 피하였고, 의문문은 「。」로 표시했습니다. 단, 보통체 가운데에서 효과적으로 화자의 감정이나 감각을 나타내기 위해 「?」「!」를 사용한 경우도 있습니다.

2. 부속 음성교재

   CD에는 「신출어휘」, 「기본문형」, 「기본회화」, 「응용회화」 및 「청해연습」이 수록되어 있습니다.

Contents 차례

Contents 차례

Characters 등장인물

イー　ギョンファ　李 京花

27세. 독신. 반년 간의 일본 출장을 마치고 귀국. 아오야마 기획 서울 지사에서 근무한다.

もり　けんたろう　森 健太郎

30세. 독신. 아오야마 기획 서울 지사에 과장으로 부임. 상냥한 성격이지만 조금 덜렁거린다.

おの　みどり　小野 緑

29세. 독신. 아오야마 기획의 도쿄 본사에 근무. 이경화 씨가 일본에 출장갔었을 때의 담당자. 밝고 시원스러운 성격으로 맛있는 것을 좋아한다.

かとう　こじろう　加藤 小次郎

50세. 기혼. 아오야마 기획 서울 지사 지사장. 단신 부임.

<ruby>パク<rt></rt></ruby> **朴 賢淑**

45세. 기혼. 아오야마 기획 서울 지사 부장.

崔 相鉱

34세. 기혼. 서울 지사 과장.

金 芝延

23세. 미혼. 서울 지사의 비서.

太田 慎吾

한일 합작 회사, KOTTE제약에 근무한다. 기혼. 오노의 대학 시절 친구.
1년 전에 서울로 전근.

이경화가 한국에 귀국한 지 1년 후, 아오야마 기획 도쿄 본사의 모리 겐타로가 서울 지사에 과장으로 부임한다. 모리는 일본 기업의 광고 제작과 시장 조사 등을 하는 팀에 배속되어 현재는 서울 지사로 돌아온 이경화가 모리 과장의 일을 서포트하고 있다.

第37課

<ruby>優勝<rt>ゆうしょう</rt></ruby>すれば、オリンピックに<ruby>出場<rt>しゅつじょう</rt></ruby>することができます

CD1-1

기본 문형 신출 어휘　　　　　　　　　Basic Grammar New Words

- オリンピック　올림픽
- しゅつじょうします(出場〜)Ⅲ　출전합니다

기본 회화 신출 어휘　　　　　　　　　Basic Dialogue New Words

- ばんごう(番号)　번호
- ようじ(用事)　볼일
- バーゲン　바겐세일

문법 설명 신출 어휘　　　　　　　Grammar Explanation New Words

□ **たいかい**(大会)　대회　　　　　　□ **ぜいたくだ**　사치스럽다

응용 회화 신출 어휘　　　　　　　Exercise Dialogue New Words

□ **てつどう**(鉄道)　철도　　　　　　　□ **さすが**　과연, 역시

□ **～ちょっと**　조금 넘는 정도　　　　□ **せかいいさん**(世界遺産)　세계유산

□ **かんこうスポット**(観光～)　관광 포인트　　□ **キーホルダー**　열쇠고리

□ **じっさいに**(実際に)　실제로

문형 연습 신출 어휘　　　　　　　Grammar Practice New Words

□ **まにあいます**(間に合います) I　　　　□ **ひよう**(費用)　비용
　　　　　　　시간에 늦지 않습니다

　　　　　　　　　　　　　　　　　　□ **ソフト**　소프트웨어

□ **せいこうします**(成功～)Ⅲ　성공합니다　　□ **ボリューム**　볼륨

□ **きそく**(規則)　규칙　　　　　　　□ **テープ**　카세트 테이프

□ **サービス**　서비스

CD1-2

1　優勝すれば、オリンピックに出場することが

できます。

2　江南へ行くなら、地下鉄が便利ですよ。

3　映画でも見に行きませんか。

4　パーティーで、金さんとか安さんとか、

いろいろな人に会いました。

기본 회화 — Basic Dialogue

CD1-3

A 朴さんの携帯電話の番号が分からないんですが…。

B 李さんに聞けば、分かりますよ。

A 李さん、プールに行きませんか。

B 今日はちょっと用事があるんです。
明日なら暇ですが…。

A 最近、ちょっと太りました。

B じゃあ、運動でもしたらどうですか。

A 葉子さん、昨日バーゲンに
行ったの？

B うん、コートとか靴とか、
いっぱい買っちゃった。

1 ば형

가정 조건을 나타내는 경우 「ば형」을 사용한다. 「ば형」에는 동사의 「ば형」과 イ형용사의 「ば형」이 있다. 동사의 「ば형」을 만드는 방법은 아래와 같다.

- Ⅰ그룹 : ます형의 마지막 모음을 「え」단 모음으로 바꾼 후 「ば」를 붙인다.
- Ⅱ그룹 : ます형에 「れば」를 붙인다.
- Ⅲ그룹 : 「来ます」는 「来れば」, 「します」는 「すれば」가 된다.

그룹 ＼ 형	ます형		ば형
Ⅰ	書きます	かき →	かけば
	急ぎます	いそぎ →	いそげば
	飛びます	とび →	とべば
	読みます	よみ →	よめば
	死にます	しに →	しねば
	待ちます	まち →	まてば
	売ります	うり →	うれば
	買います	かい →	かえば
	話します	はなし →	はなせば
Ⅱ	食べます	たべ →	たべれば
	見ます	み →	みれば
	寝ます	ね →	ねれば
Ⅲ	来ます	き →	くれば
	します	し →	すれば

イ형용사는 어미 「い」를 「ければ」로 바꾼다.

イ형용사	ない →	なければ
	たのしい →	たのしければ

2 ～ば、～

「ば형」을 사용하여 뒤 문장이 성립할 수 있는 조건을 나타낼 수 있다. 기본적으로 뒤 문장의 서술어에는 의지, 희망, 명령, 부탁 등의 형식이 올 수 없다. 하지만, 앞 문장의 서술어가 상태를 나타내는 말이라든지 앞 문장과 뒤 문장의 주어가 다른 경우에는 쓸 수 있다.

▶ この大会で 優勝すれ ば、 オリンピックに出場することができます。
이 대회에서 우승하면 올림픽에 출전할 수 있습니다.

▶ 李さんに 聞け ば、 分かりますよ。
이 선생님께 물어보면 알 수 있어요.

▶ 部屋がもう少し 広けれ ば いいのですが。
방이 좀 더 넓으면 좋겠는데요.

▶ 雨が 降らなけれ ば、 ハイキングに行きましょう。
비가 오지 않으면 하이킹을 갑시다.

3 보통형 なら、～

대화 중 상대방이 말한 것이나 상황에 근거해 자신의 의견이나 생각을 말한다든지, 상대방에게 의뢰나 충고를 할 때 사용한다. 뒤 문장에는 판단, 명령, 제안 등 말하는 사람의 주관적인 내용이 온다. 「なら」의 앞이 ナ형용사와 명사인 경우, 보통형의 「だ」를 「なら」로 바꾼다.

▶ 江南へ行くなら、地下鉄が便利ですよ。 강남에 가는 거라면 지하철이 편리해요.

▶ 今日は忙しいんですが…。 오늘은 바쁜데요….
　─忙しいなら、 行かなくてもいいですよ。 바쁘면 가지 않아도 좋아요.

▶ 今夜、もし暇なら、いっしょに食事に行きませんか。
오늘 저녁에 혹시 한가하시면 같이 식사하러 가지 않겠습니까?

▶ 会議の資料はどこですか。 회의 자료는 어디에 있습니까?
　─昨日のは知りませんが、今朝の会議の資料なら、机の上に置いておきました。
어제 것은 모르겠지만, 오늘 아침 회의 자료라면 책상 위에 놓아두었습니다.

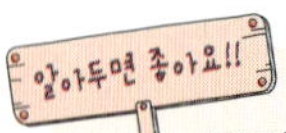

조건 표현 정리

(1)「〜たら」(☞제35과 문법 설명1)와「〜ば」

「〜ば」의 앞 문장이 동작이나 변화를 나타내는 경우, 문장 끝에「〜たいです」「〜てください」와 같은 의지나 의뢰를 나타내는 표현은 사용할 수 없지만,「〜たら」에는 이러한 제한은 없다.

▶ ○ 雨が降ったら、窓を閉めてください。비가 오면 창을 닫아 주세요.
　　× 雨が降れば、窓を閉めてください。

(2) 〜と (☞제31과 문법 설명1)

「〜と」는 어떤 사건이 일어나면 반드시 다음 사건이 뒤따라 일어나는 경우에 쓰인다. 이때,「〜たら」를 써도 되기는 하지만, 약간 부자연스러운 느낌이 된다. 그리고「〜と」의 뒤에도 의지나 의뢰를 나타내는 표현은 사용할 수 없다.

▶ ○ スイッチを押すと、電気がつきます。스위치를 누르면 전깃불이 켜집니다.
▶ △ スイッチを押したら、電気がつきます。스위치를 누르면 전깃불이 켜집니다.
▶ ○ スイッチを押したら、すぐ部屋を出てください。
　　스위치를 누르면 바로 방에서 나와 주세요.
　　× スイッチを押すと、すぐ部屋を出てください。

(3) 〜なら

「〜なら」는 상대방의 의지나 희망에 대해 어떤 제안을 하는 경우에 사용된다. 이 용법은「〜たら」「〜ば」「〜と」에는 없다.

▶ 新鮮な魚を買いたいんですが…。신선한 생선을 사고 싶은데요….
　— ○ 魚を買うなら、駅前のスーパーがいいですよ。생선을 산다면 역 앞 슈퍼가 좋아요.
　　　× 魚を買ったら、駅前のスーパーがいいですよ。
　　　× 魚を買うと、駅前のスーパーがいいですよ。
　　　× 魚を買えば、駅前のスーパーがいいですよ。

(4) 발견을 나타내는「〜たら」와「〜と」

「〜たら」와「〜と」는 무엇인가를 발견했다는 것을 나타내는 경우에도 사용할 수 있다. 이 때, 뒤 문장은 과거형을 쓴다.

▶ 窓を開けると、富士山が見えました。창을 열자 후지산이 보였습니다.
▶ 窓を開けたら、富士山が見えました。창을 열자 후지산이 보였습니다.

4 　명사 でも [예시]

앞서 전면 긍정을 나타내는 「～でも」(☞ 17과 문법 설명 5)와 극단적인 예를 나타내는 「～でも」 (☞ 35과 문법 설명 5)를 공부했는데, 이번 과에서 공부할 「～でも」는 몇 개의 선택지 중에 서 대표적인 예를 들 때에 사용한다.

▶ 映画でも見に行きませんか。 영화라도 보러 가지 않겠습니까?

▶ 運動でもしたらどうですか。 운동이라도 하면 어떻습니까?

5 　～とか～とか

비슷한 성질의 예를 몇 개 들 때에 사용한다.

▶ コートとか靴とか、たくさん買いました。
코트라든가 구두 같은 것을 많이 샀습니다.

▶ 海外旅行に行きたいとか、新しい車が欲しいとか、ぜいたくなことばかり言っています。
해외여행에 가고 싶다든가 새 차를 갖고 싶다는 둥, 사치스러운 말만 하고 있습니다.

> 꼭 알아두세요!!
>
> 「～とか～とか」는 「～や～など」와 거의 비슷한 표현이다. 하지만 「～とか～」가 문장과 문장을 연결할 수 있는데 비해, 「～や～」는 문장과 문장을 연결할 수 없다. 그리고 「～とか～」가 대화에서 밖에 사용할 수 없는데 비해 「～や～」는 대화나 문장에서 모두 사용할 수 있다.

6 　～ちゃった

기본 회화의 「～ちゃった」는 앞서 공부한 「～てしまった」(☞ 33과 문법 설명 3)의 회화에 서 사용되는 형태이다.

▶ コートとか靴とかいっぱい買っちゃった。 코트라든가 구두 같은 것을 많이 사고 말았다.

CD1-4

ソックラム
石窟庵

이경화 씨는 오노 미도리 씨에게 한국의 여러 명소를 안내할 생각입니다. 두 사람은 아침 일찍 기차를 타고 세계유산이 있는 경주로 향하고 있습니다.

(경주로 가는 전날, 오노 씨가 이경화 씨에게 물어봅니다)

小野　「慶州」までどのぐらいですか。

李　バスで行けば、だいたい4時間ぐらいです。

小野　鉄道でも行くことができるんですか。

李　ええ。鉄道で行くなら、3時間ちょっとです。

小野　じゃあ、鉄道で行きましょう。

(다음날 오노 씨와 이경화 씨는 경주로 가서 석굴암을 찾아 들어갑니다)

李　「石窟庵」は慶州の観光スポットの1つで、いちばん有名な場所です。

小野　テレビとか写真集とかで見たことがありますが、実際に見ると、本当に

すてきですね。さすが「世界遺産」です。

(두 사람이 석굴암에서 나가 토함산을 내려갑니다)

小野　何かお土産を買おうと思うんですが…。

李　お土産なら、Tシャツとかキーホルダーとか、

いろいろありますよ。

小野　そうですか。じゃあ、キーホルダーでも

買おうかな。

李　ゆっくり探せば、ほかにもいいお土産が

あると思いますよ。

문형 연습　Grammar Practice

1 다음과 같이 「〜ば」를 사용해 문장을 하나로 만드세요.

> 예　洗います／きれいになります → 洗えば、きれいになります。
> 急ぎません／遅れます → 急がなければ、遅れます。

(1) 見ます／欲しくなります

(2) 秋になります／涼しくなります

(3) 急ぎます／間に合うでしょう

(4) 一生懸命やります／成功するでしょう

(5) 質問がありません／これで終わります

(6) 練習しません／上手になりません

(7) 今すぐ始めません／間に合いません

(8) 規則を守りません／交通事故が起きます

2 다음과 같이 「〜ば」를 사용해 문장을 하나로 만드세요.

> 예　忙しいです／手伝いましょうか → 忙しければ、手伝いましょうか。
> 安くないです／買いません → 安くなければ、買いません。

(1) 重いです／持ちましょうか

(2) 店のサービスが悪いです／行きません

(3) 暑いです／窓を開けてください

(4) 費用が高くないです／参加します

(5) 遠くないです／行きたいです

(6) 天気がよくないです／出かけません

3　다음과 같이 밑줄 부분을 바꿔서 연습하세요.

> 예　あなたが行きます／わたしはここで待ちます
> →あなたが行くなら、わたしはここで待ちます。

(1) パソコンで絵をかきます／このソフトがいいです

(2) あなたが行きません／わたしが行きます

(3) 寒いです／窓を閉めてもいいですよ

(4) ラジオがうるさいです／ボリュームを下げましょうか

(5) 明日暇です／いっしょに買い物に行きませんか

(6) 日曜日です／時間があります

4　맞는 쪽에 ○를 하세요.

> 예　京都へ（ 行けば・行ったら ）、わたしの友達に会ってください。

(1) このボタンを（ 押すと・押すなら ）、電気がつきます。

(2) 明日（ いい天気なら・いい天気だと ）、ピクニックに行きたいです。

(3) （ 困ったら・困ると ）、わたしに相談してください。

(4) 問題が（ なければ・ないと ）、会議を終わります。

(5) （ 暑いと・暑いなら ）、クーラーをつけてください。

(6) 雨（ でも・だったら ）、参加しなくてもいいですか。

　　—いいえ、雨（ なら・でも ）、参加しないといけません。

5 아래에서 적당한 단어를 골라 (　　　)에 넣으세요.

> 예　セーターや靴やかばん（ など ）、いろいろ売っています。

(1) 部屋には机といす（　　　）ありません。

(2) ３０分（　　　）ならテレビを見てもいいです。

(3) それは簡単だから、子供（　　　）できるでしょう。

(4) ＣＤ（　　　）テープ（　　　）を聞いて勉強しています。

(5) 李さんなら、小野さんとお茶（　　　）飲みに行ったんじゃないでしょうか。

| でも | しか | など | とか | だけ | でも | とか |

1　CD를 듣고, 질문에 답하세요.　CD1-5

| 예 | 2人はこれから何をしますか。　―お茶を飲みに行きます。 |

(1) 2人はこれから何をしますか。

(2) 2人はこれから何をしますか。

(3) 2人はこれから何をしますか。

(4) 2人はこれから何をしますか。

2　CD를 듣고, 질문에 대한 맞는 답을 골라 ○를 하세요.　CD1-6

| 예 | A：新しいパソコン、安ければ買いますか。
B：そうですね。今使っているのを、もう少し使ってみます。
⇒ この人は新しいパソコンを買いますか。
―① はい、買います。／―② いいえ、買いません。 |

(1) ① ・ ②

(2) ① ・ ②

새로운 말

　사회의 변화에 따라 말도 다양하게 변해 갑니다. 사람들은 그때 그때의 기분을 나타내는 데에 딱 맞는 표현을 계속해서 만들어 내며, 매년 수 많은 유행어들이 생겨났다가 사라져 갑니다.

　그 중에서 바로 없어지지 않고 새롭게 정착되는 말이나 표현도 있습니다. 예를 들어 부사「全然(전혀)」는「全然分かりません(전혀 모르겠습니다)」처럼 부정표현과 함께 쓰이는 말이지만, 최근에는「全然大丈夫です, 全然平気です(전혀 괜찮습니다)」처럼 긍정표현과 함께 쓰기도 합니다.

　그리고 Ⅱ그룹 동사의 가능형도「食べれる」「見れる」와 같이「ら」를 뺀 채 쓰이고 있습니다. 특히 젊은 세대를 중심으로 다양화되어「ら抜き言葉 (ら를 뺀 말)」라는 이름까지 붙여졌습니다. 이런 표현은 바로 없어질 유행이 아닌 새로운 말투로서 정착되어 갈 것 같습니다.

金さんは 英語が話せます

キム金さんは

えい ご はな
英語が話せます

CD1-7

기본 문형 신출 어휘   Basic Grammar New Words

▫ えいじしんぶん(英字新聞)　영자신문

기본 회화 신출 어휘   Basic Dialogue New Words

▫ きもの(着物)　기모노

문법 설명　신출 어휘　Grammar Explanation New Words

- たな(棚)　선반
- ちょきんします(貯金〜)Ⅲ　저금합니다
- あかちゃん(赤ちゃん)　아기
- ひらがな(平仮名)　히라가나
- てつやします(徹夜〜)Ⅲ　철야합니다

응용 회화　신출 어휘　Exercise Dialogue New Words

- このへん(この辺)　이 근처
- でんとうてきだ(伝統的だ)　전통적이다
- かおく(家屋)　가옥
- とおりぬけます(通り抜けます)Ⅱ　빠져나갑니다
- いりくみます(入り組みます)Ⅰ　뒤얽힙니다
- かんじます(感じます)Ⅱ　느낍니다
- ホットク　호떡
- やけどします(火傷〜)Ⅲ　화상을 입습니다
- たちます(建ちます)Ⅰ　(건물 등이) 섭니다
- へります(減ります)Ⅰ　줄어듭니다
- なんだか　어쩐지

문형 연습　신출 어휘　Grammar Practice New Words

- さいしゅう(最終)　마지막
- いそいで(急いで)　서둘러
- ぐあい(具合)　몸 상태
- やっと　겨우, 가까스로
- にほんしょく(日本食)　일본 음식
- さしみ(刺し身)　회
- うごかします(動かします)Ⅰ　작동시킵니다
- ぜんいん(全員)　전원
- かけますⅡ<かぎを>　〈자물쇠를〉 잠급니다
- ごみばこ(ごみ箱)　쓰레기통
- ペットボトル　페트병
- 〜キロメートル　킬로미터(Km)

청해 연습　신출 어휘　Listening Practice New Words

- タイヤ　타이어
- とりかえます(取り替えます)Ⅱ　바꿉니다
- しあい(試合)　시합
- かちます(勝ちます)Ⅰ　이깁니다
- しょうひん(商品)　상품

CD1-8

1　金（キム）さんは英語（えいご）が話（はな）せます。

2　よく見（み）えるように、大（おお）きく書（か）きました。

3　けがが治（なお）って、歩（ある）けるようになりました。

4　朴（パク）さんは毎日（まいにち）、英字新聞（えいじしんぶん）を読（よ）むようにしています。

기본 회화　Basic Dialogue

CD1-9

A　金さんはお寿司が食べられますか。

B　ええ、大丈夫ですよ。わたしは何でも食べられます。

A　李さん、2時ごろ会社を出ますよ。

B　はい。いつでも出られるように、準備してあります。

A　小野さん、着物を自分で着ることができますか。

B　ええ、母に習って、着られるようになりました。

A　健康のために何かしていますか。

B　ええ、毎朝1時間散歩するようにして
います。

1 가능형

가능형은 어떤 동작을 할 수 있다는 것을 나타내는 형식이며, 앞서 공부한 「〜ことができます」(☞제20과 문법 설명2)와 같은 의미를 나타낸다. 만드는 방법은 아래와 같다.

- I 그룹 : ます형의 마지막 모음을 「え」단 모음으로 바꾼 후「ます」를 붙인다.
- II 그룹 : ます형에 「られます」를 붙인다.
- III그룹 : 「来ます」는「来られます」, 「します」는「できます」가 된다.

그룹 ＼ 형	ます형			가능형	가능형(사전형)
I	書きます	かき	→	かけます	かける
	急ぎます	いそぎ	→	いそげます	いそげる
	飛びます	とび	→	とべます	とべる
	読みます	よみ	→	よめます	よめる
	死にます	しに	→	しねます	しねる
	待ちます	まち	→	まてます	まてる
	売ります	うり	→	うれます	うれる
	買います	かい	→	かえます	かえる
	話します	はなし	→	はなせます	はなせる
II	食べます	たべ	→	たべられます	たべられる
	見ます	み	→	みられます	みられる
	寝ます	ね	→	ねられます	ねられる
III	来ます	き	→	こられます	こられる
	します	し	→	できます	できる
	散歩します	さんぽし	→	さんぽできます	さんぽできる

* 가능형은 II그룹과 같은 모양으로 활용한다.

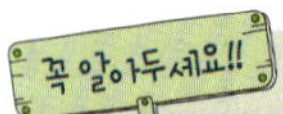

가능형을 사용하는 경우에는 보통 동사 앞의 조사 「を」가「が」로 바뀐다.

▶ 李さんは日本語を話すことができます。 이 선생님은 일본어를 할 수 있습니다.

▶ 李さんは日本語が話せます。 이 선생님은 일본어를 할 수 있습니다.

2 동사 (사전형 / ない형) ように ~

「~ように」는 '어떠한 상태가 되도록'이라는 뜻을 나타낸다. 「ように」의 앞에는 의지가 포함되지 않는 동사나 가능형의 「사전형」과 「ない형」이 쓰인다.

▶　よく　見える　ように、　大きく書きました。

잘 보이도록 크게 썼습니다.

▶　風邪を　引かない　ように、　気をつけています。

감기에 걸리지 않도록 조심하고 있습니다.

▶　いつでも　出られる　ように、　準備してあります。

언제든지 나갈 수 있도록 준비되어 있습니다.

▶　子供が　触れない　ように、　この薬は棚のいちばん上に置きましょう。

아이가 만질 수 없도록 이 약은 선반의 제일 위에 둡시다.

꼭 알아두세요!!

「~ように」와 「~ために」(☞ 제34과 문법 설명4)는 서로 바꾸어 쓸 수 없다. 「ように」의 앞부분은 변화나 상태를 나타내며 가능형의 「사전형」이나 「ない형」이 자주 쓰인다. 반면 「~ために」는 의지가 들어간 동작의 목적을 나타내며 보통 동사의 「사전형」이 쓰인다.

▶ 日本に留学できる**ように**（× ために）、貯金しています。

일본에 유학할 수 있도록 저금하고 있습니다.

▶ 日本に留学する**ために**（× ように）、貯金しています。

일본에 유학하기 위해 저금하고 있습니다.

3   동사 (사전형 / ない형) ようになります

능력, 상황, 습관 등이 어떤 상태로 변하는 것을 나타낸다. 「ように」의 앞에는 의지가 포함되지 않은 동사, 혹은 가능형의 「사전형」과 「ない형」이 쓰인다.

▶ けがが治って、歩けるようになりました。

상처가 나아서 걸을 수 있게 되었습니다.

▶ 赤ちゃんは1歳を過ぎると、言葉を話すようになります。

아기는 한 살이 넘으면 말을 하게 됩니다.

▶ 平仮名を間違えないようになりました。

히라가나를 틀리지 않게 되었습니다.

▶ 着物を自分で着られるようになりました。

기모노를 스스로 입을 수 있게 되었습니다.

4   동사 (사전형 / ない형) ようにします

어떤 행동이나 상황을 실현시키기 위해 노력하는 것을 나타낸다. 「ように」의 앞에는 보통 의지가 들어간 동사의 「사전형」과 「ない형」이 쓰인다. 평소에 노력을 해서 습관이 된 행동을 나타내는 경우에는 「～ようにしています」를 쓴다.

▶ 朴さんは毎日、英字新聞を読むようにしています。

박 선생님은 매일 영자신문을 읽도록 하고 있습니다.

▶ 毎朝、7時に起きるようにしています。

매일 아침 7시에 일어나도록 하고 있습니다.

▶ 健康のために、徹夜しないようにします。

건강을 위해 철야는 하지 않도록 하겠습니다.

응용 회화   Exercise Dialogue

CD1-10

北村韓屋マウル
_{プッチョンハンオク}

이경화 씨와 오노 미도리 씨는 서울에 있는 북촌 한옥마을에 왔습니다. 한옥마을은 한국의 전통이 살아있는 동네로, 옛 서울의 생활이 잘 나타나 있는 곳입니다.

(한옥마을을 걸어 다니면서)

小野　ここが「北村韓屋マウル」ですね。

李　ええ、この辺は韓国の伝統的な家屋がある町です。人が実際に生活している所もありますから、写真はあまり撮らないようにしてくださいね。

小野　分かりました。ところで、この道は通り抜けられますか。

李　大丈夫です。入り組んでいますが、通り抜けられますよ。

(걸어 갈수록 옛날 한국 정서가 느껴집니다)

小野　韓屋マウルは、古いソウルが感じられて、楽しいですね。

李　ええ。だから、時間がある時や、外国人の友達が来た時は、ここを歩くようにしているんですよ。

(두 사람이 호떡 파는 포장마차를 발견합니다)

李　小野さん、「ホットク」は食べられますか。

小野　ええ、大好きです。

(이경화 씨가 호떡을 사와 오노 씨에게 내밉니다)

李　熱いですから、火傷しないように気をつけてくださいね。

(잠시 후)

李　最近は、マンションやビルが建って、韓屋がだいぶ減ってしまいました。

小野　なんだか残念ですね。

李　そうなんです。今では韓屋が見られる場所は本当に少なくなりました。

1　다음과 같이 밑줄 부분을 바꿔서 연습하세요.

> 예
>
> この図書館は多くの人が利用できます／夜9時まで開いています
> → この図書館は多くの人が利用できるように、夜9時まで開いています。
>
> 忘れません／メモしておきましょう
> → 忘れないように、メモしておきましょう。

(1) 最終の新幹線に間に合います／急いで出かけましょう

(2) お年寄りも使えます／操作が簡単になっています

(3) みんなに聞こえます／大きな声で話してください

(4) 風邪を引きません／気をつけてください

(5) 転びません／ゆっくり歩きましょう

(6) 日本に留学できます／一生懸命勉強しています

2　다음과 같이 밑줄 부분을 바꿔서 연습하세요.

> 예
>
> 足の具合はいかがですか／昨日から少し歩きます
> → A：足の具合はいかがですか。
> 　B：やっと、昨日から少し歩けるようになりました。
> 　A：それはよかったですね。

(1) ピアノの練習はどうですか／1曲弾きます

(2) 日本語の勉強はどうですか／日本語でレポートを書きます

(3) 日本食には慣れましたか／刺し身も食べます

(4) 機械の操作は慣れましたか／1人で動かします

3 다음과 같이 밑줄 부분을 바꿔서 연습하세요.

> 예
>
> 研修に全員参加します → 研修に全員参加するようにしてください。
>
> 電話番号を間違えません → 電話番号を間違えないようにしてください。

(1) 毎日メールをチェックします

(2) 約束の時間を忘れません

(3) 必ずかぎをかけます

(4) このごみ箱にペットボトルを捨てません

4 ( )안의 단어를 가능형으로 바꿔 문장을 완성하세요.

> 예
>
> 金さんは1キロメートルぐらい（泳ぎます → 泳げます）。

(1) この本は来週の木曜日まで（借ります →　　　　　）。

(2) 社員の名前がなかなか（覚えます →　　　　　）。

(3) 冬でもスイカが（食べます →　　　　　）ようになりました。

(4) 今仕事がとても忙しいので、日曜日でも（休みます →　　　　　）。

(5) 駅前の本屋で日本語のテープが（買います →　　　　　）でしょう。

(6) ニュースによると、飛行機は雪で（飛びます →　　　　　）そうです。

5　다음 편지문을 읽고, 내용과 일치하는 것에는 ○, 일치하지 않는 것에는 ×를 하세요.

田中さん、お元気ですか。

東京に来て１か月です。仕事にもずいぶん慣れて、会社の人と日本語で話せるようになりました。でも、1人暮らしは少し寂しいです。

先週風邪を引いてしまいました。高い熱があって、何も食べられませんでした。早く治るように、病院に行って薬をもらいましたが、３日間会社を休んでしまいました。

これからは健康にも十分気をつけるようにしたいと思います。

田中さんもお体を大切にしてください。

また手紙を書きます。

金順英

| 예 | 金さんは田中さんに手紙を書きました。　　　（ ○ ） |

(1) 金さんは韓国にいます。　　　　　　　　　　　（　　　）

(2) 病院に行ったので、風邪はすぐ治りました。　　（　　　）

(3) 金さんは会社の人と日本語で話します。　　　　（　　　）

(4) これから金さんは健康に気をつけようと思っています。　（　　　）

청해 연습 Listening Practice 

1 CD를 듣고, 내용과 일치하는 것에 ○, 일치하지 않는 것에 ×를 하세요.　CD1-11

예　女の人は毎日泳いでいます。　　　　（ × ）

(1) 女の人は晩ご飯を食べません。　　　　　　　　　　（　　）

(2) 女の人は毎日３０分歩きたいと思っています。　　　（　　）

(3) 女の人は毎日夜遅くまで起きています。　　　　　　（　　）

(4) 女の人はお酒を少し飲みます。　　　　　　　　　　（　　）

(5) 女の人は時間がある時、運動したいと思っています。（　　）

(6) 女の人は野菜しか食べません。　　　　　　　　　　（　　）

2 CD를 듣고, 질문에 답하세요.　　CD1-12

예　男の人は、どうすれば英語が話せるようになると言っていますか。
　　―毎日CDを聞けば、話せるようになると言っています。

(1) 男の人は、どうすればこの自転車に乗れるようになると言っていますか。

(2) 男の人は、どうすれば試合で勝てるようになると言っていますか。

(3) 男の人は、どうすればこの商品が売れるようになると言っていますか。

眼鏡をかけて本を読みます

CD1-13

기본 문형 신출 어휘　　　　　　　　Basic Grammar New Words

- かけますⅡ <眼鏡を>　〈안경을〉 씁니다
- どうろこうじ(道路工事)　도로공사

기본 회화 신출 어휘　　　　　　　　Basic Dialogue New Words

- じこ(事故)　사고
- つうきんラッシュ(通勤〜)　통근 러시

문법 설명 신출 어휘 — Grammar Explanation New Words

- つうこうきんし(通行禁止)　통행금지
- むら(村)　마을
- こうつう(交通)　교통
- もん(門)　문, 대문
- 〜リットル　리터(ℓ)

응용 회화 신출 어휘 — Exercise Dialogue New Words

- むかし(昔)　옛날
- ぶたい(舞台)　무대
- そうそう　그래 그래
- ぜったい(絶対)　꼭, 반드시
- せっかく　모처럼
- いけ(池)　연못
- まわり(周り)　주변
- けしき(景色)　경치
- バック　배경

문형 연습 신출 어휘 — Grammar Practice New Words

- ぼうし(帽子)　모자
- かぶります I　(모자 능을) 씁니다
- けっせきします(欠席〜) III　결석합니다
- おんがくかい(音楽会)　음악회
- ひじょうに(非常に)　매우
- つよい(強い)　강하다
- やがいコンサート(野外〜)　야외 콘서트
- ふえます(増えます) II　늘어납니다
- きおん(気温)　기온
- いね(稲)　벼
- そだちます(育ちます) I　자랍니다
- ほう(方)　쪽, 방향
- サメ　상어
- つれます(連れます) II　데려갑니다

청해 연습 신출 어휘 — Listening Practice New Words

- なくなります I　다 떨어집니다
- コップ　컵
- おかえりなさい(お帰りなさい)　다녀오셨어요?
- ないよう(内容)　내용
- ジャズ　재즈
- ファッションショー　패션쇼

1　眼鏡をかけて本を読みます。

2　道路工事のために、道が込んでいます。

3　李さんは急いで帰っていきました。

4　去年、日本で歌舞伎を見てきました。

기본 회화　Basic Dialogue

CD1-15

A　森さんは傘を持っていきましたか。

B　いいえ、持たないで出かけました。

A　李さん、遅かったですね。

B　すみません。事故があったために、
電車が遅れたんです。

A　ずいぶんたくさん人が乗ってきましたね。

B　ええ、ちょうど通勤ラッシュの
時間ですから。

A　ちょっと手紙を出してきます。

B　じゃあ、これもお願いします。

1　동사 て～,　동사 (ない형) で～

「～て」「～ないで」를 이용하여 앞 문장의 동작이 지속되는 가운데 뒤 문장의 동작이 일어남을 나타낸다. 따라서 이 용법에서는 앞과 뒤 문장의 주어가 같아야 한다. 「～ないで」는 「～ずに」로 말할 수도 있으며, 「～ずに」는 대화보다는 문장에서 자주 쓰인다.

▶ 眼鏡をかけて本を読みます。 안경을 쓰고 책을 읽습니다.

▶ 手を挙げて横断歩道を渡ります。 손을 들고 횡단보도를 건넙니다.

▶ 今日は傘を持たないで出かけました。 오늘은 우산을 들지 않고 나갔습니다.

▶ 今日は傘を持たずに出かけました。 오늘은 우산을 들지 않고 나갔습니다.

2　보통형 ために、～ ② [원인·이유]
　　명사 ＋の＋ために、～ ② [원인·이유]

앞서 목적을 나타내는 「～ために」(☞제 34과 문법 설명 4)를 공부했는데, 이 과에서는 「～ために」를 이용하여 원인·이유를 나타내는 용법을 공부한다. ナ형용사는 「だ」를 「な」로 바꿔 「～な＋ために」의 모양이 된다. 문장이나 정중한 대화에서 자주 쓰이며, 그다지 좋지 않은 사건의 원인을 나타내는 경우가 많다.

▶ 事故があったために、電車が遅れたんです。 사고가 있었기 때문에 전철이 늦어졌어요.

▶ 明日マラソン大会があるために、この道路は通行禁止になります。

내일 마라톤 대회가 있기 때문에 이 도로는 통행이 금지됩니다.

▶ この村は交通が不便なために、住んでいる人が少ないです。

이 마을은 교통이 불편하기 때문에 살고 있는 사람이 적습니다.

▶ 道路工事のために、道が込んでいます。 도로 공사 때문에 길이 정체되어 있습니다.

3 동사 ていきます / きます

「동사 て형＋いきます / きます」에는 다음과 같은 용법이 있다.

(1) 「帰ります」「歩きます」「走ります」「乗ります」등 이동을 나타내는 동사의 뒤에 붙으며, 「〜ていきます」는 말하는 사람에서 멀어지는 쪽으로 이동하는 것을, 「〜てきます」는 말하는 사람에 가까워지는 쪽으로 이동하는 것을 나타낸다.

▶ 李さんは急いで帰っていきました。 이 선생님은 서둘러서 돌아 갔습니다.

▶ ずいぶんたくさん人が乗ってきましたね。 꽤 많은 사람이 타고 왔네요.

(2) 어떤 행동을 하고 나서 이동하는 것을 나타낸다.

▶ 去年、日本で歌舞伎を見てきました。 작년에 일본에서 가부키를 보고 왔습니다.

▶ 疲れているんでしょう？ ちょっと休んでいきなさい。 피곤하죠? 좀 쉬었다 가세요.

(3) 「〜てきます」는 어딘가로 가서 어떤 행동을 하고 나서 다시 원래의 장소로 되돌아오는 것을 나타낸다.

▶ ちょっと手紙を出してきます。 잠깐 편지를 부치고 오겠습니다.

▶ ちょっと手を洗ってきます。 ここで待っていてください。
잠깐 손을 씻고 오겠습니다. 여기에서 기다려 주세요.

4 も [예상보다도 많다는 기분을 나타냄]

조사 「も」는 예상하고 있던 것이나 본래보다 수량이 많다는 기분을 나타내는 용법도 있다.

▶ この門は、火事のために2度も焼けたことがあるんですよ。
이 문은 화재 때문에 두 번이나 불탄 적이 있다고요.

▶ 今日は3リットルも水を飲みました。 오늘은 물을 3리터나 마셨습니다.

(두 사람이 광화문을 올려다 봅니다)

李 この門（もん）は、昔（むかし）、火事（かじ）のために2度（にど）も焼（や）けたことがあるんですよ。

小野（おの） そうなんですか。それにしても立派（りっぱ）な建物（たてもの）ですね。中（なか）に入（はい）れるんですか。

李 ええ、入（はい）れますよ。チケットを買（か）ってきましょうか。

(경복궁 안에 들어온 두 사람, 근정전 앞에 다가옵니다)

李 ここは、「勤政殿（クンジョンジョン）」と言（い）って、いろいろな映画（えいが）の舞台（ぶたい）になった所（ところ）です。

小野（おの） そうそう。わたしは映画（えいが）を見（み）て、絶対（ぜったい）来（き）たいと思（おも）っていたんです。

せっかくソウルへ来（き）て、ここを見（み）ないで帰（かえ）ることはできませんよ。

(걸어가는 두 사람 눈에 경회루가 보이기 시작합니다)

小野（おの） 池（いけ）の上（うえ）に建（た）っていて、とてもきれいですね。

李 ええ、あれは「慶会楼（キョンフェル）」と言（い）います。

周（まわ）りの景色（けしき）にとてもよく合（あ）いますね。

小野（おの） 李（イー）さん、あの建物（たてもの）をバックにして、

いっしょに写真（しゃしん）を撮（と）りませんか。

李 いいですね。

문형 연습 Grammar Practice

1 다음과 같이 ( )의 동사의 형태를 바꿔서 연습하세요.

> 예
> 森さんは傘を(持ちます → 持って)出かけました。
> 森さんは傘を(持ちません → 持たないで)行きました。

(1) 冬は帽子を (かぶります →　　　　　)出かけます。

(2) 母にもらったネックレスを (します →　　　　)パーティーに行きました。

(3) 時間がなかったので、タクシーに (乗ります →　　　　)来ました。

(4) 祖母は７０歳ですが、眼鏡を (かけません →　　　　)本を読みます。

(5) 砂糖を (入れません →　　　　)コーヒーを飲んでみます。

(6) 話をよく (聞きません →　　　　)書いたので、間違えました。

2 다음과 같이 밑줄 부분을 바꿔서 연습하세요.

> 예1
> 道路工事／道が込んでいます → 道路工事のために、道が込んでいます。

(1) 病気／欠席しました　　　　　　　(2) 台風／音楽会は中止です

(3) 地震／家が壊れました　　　　　　(4) 雪／バスが遅れています

> 예2
> 事故がありました／電車が止まりました
> → 事故があったために、電車が止まりました。
> 風が非常に強いです／野外コンサートは中止です
> → 風が非常に強いために、野外コンサートは中止です。

(1) 大雨が降りました／野球は中止になりました

(2) 車が急に増えました／交通事故が増えました

(3) 思ったより高かったです／買うことができませんでした

(4) 今年の夏は気温が低かったです／稲がよく育ちませんでした

3　다음과 같이 밑줄 부분을 바꿔서 연습하세요.

> 예1　駅まで走ります → 駅まで走っていきます。

(1) 地下鉄に乗ります　　(2) 崔さんが自転車で帰ります　　(3) 鳥が山の方へ飛びます

> 예2　こちらに歩きます／有名な歌手
> → こちらに歩いてくるのは有名な歌手じゃありませんか。

(1) 走ります／森さん　　(2) 泳ぎます／サメ　　(3) 歩きます／森さんのお母さん

> 예3　新聞を買います → 新聞を買ってきます。

(1) 手紙を出します　　　　　　　　(2) 手を洗います

(3) 図書館で調べます　　　　　　　(4) 先生に報告します

4　(　　　) 안의 단어를 문장에 맞게 적당한 형태로 고치세요.

> 예　そのニュースを(聞きます → 聞いて)、びっくりしました。

(1) 携帯電話で(話します → 　　　　　)ながら歩かないでください。

(2) 寒いので、コートを(着ます → 　　　　　)出かけます。

(3) お弁当を(買います → 　　　　　)帰って、家で食べました。

(4) (飲みます → 　　　　　)だら乗るな。(乗ります → 　　　　　)なら飲むな。

(5) つまらない本です。―じゃあ、(読みません → 　　　　　)ことにします。

(6) 明日、ピクニックに(行けません → 　　　　　)かもしれません。

(7) この薬を(飲みます → 　　　　　)ば、すぐ治りますよ。

(8) 午前中に予約を(します → 　　　　　)こようと思います。

5 다음 문장의 의미에 맞는 것을 a~e 중에 골라 (　　　)에 쓰세요.

> 예 　崔さんは雨の中、傘を持たないで出かけました。　　　(b)

(1) 崔さんは手紙を出してきました。　　　　　　　　　　(　　　)

(2) 崔さんは手紙を出しに行きました。　　　　　　　　　(　　　)

(3) 崔さんは子供を連れてきました。　　　　　　　　　　(　　　)

(4) 崔さんは子供を連れてきませんでした。　　　　　　　(　　　)

> a 崔さんはここにいません。　　　　　　b 崔さんは遅れました。
> c 崔さんの子供は、ここにいません。　　d 崔さんはここにいます。
> e 崔さんの子供は、今、ここにいます。

6 맞는 쪽에 ○를 하세요.

> 예 　この本は（おもしろいから・おもしろくて）、読んでください。

(1) 暑くて、（ 寝ません ・ 全然寝られません ）。

(2) （ 暇で・暇だから ）、行きます。

(3) 事故が（ あったために・あるために ）、遅れました。

(4) （ おいしくて・おいしくても ）、たくさん食べてしまいました。

(5) これは音が（ 悪いために・悪いから ）、会議では使わないでください。

1　CD를 듣고, 질문에 답하세요.　CD1-17

> 예　女の人はこれから何をしますか。― お茶を買ってきます。

(1) 女の人はこれから何をしますか。

(2) 女の人はこれから何をしますか。

(3) 女の人はこれから何をしますか。

(4) 女の人はこれから何をしますか。

2　CD를 듣고, 내용과 일치하는 것에 ○, 일치하지 않는 것에 ×를 하세요.　CD1-18

> 예　男の人は眼鏡をかけて写真を見ました。　　（　×　）

(1) 男の人が見た映画は難しかったです。　　　　　　　　（　　　）

(2) 男の人はジャズを最初から最後まで聞きました。　　（　　　）

(3) 女の人はファッションショーに遅刻しました。　　　（　　　）

(4) 女の人はお金がなくてお土産が買えませんでした。　（　　　）

허물없는 말

「タメ口」라는 신조어가 있습니다. 「タメ」란 동등, 대등하다는 뜻으로, 친구나 동급생이라는 의미입니다. 「タメ口」라는 표현은 친구처럼 허물없이 말하는 방법을 뜻하며, 1970년대 이후 젊은이들 사이에서 생겨나 1980년대에 일반화되었습니다.

일본에서는 일찍이 상하관계가 엄격해서 회사에서는 부하가 상사에게, 혹은 후배가 선배에게 말을 건네는 경우 정중한 말투를 쓰는 것이 일반적이었습니다. 하지만, 최근에는 상사나 선배에게도 「タメ口」로 말을 건네는 젊은 사원이 생겨났습니다. 「タメ口」를 듣고 기분 나쁘게 생각하는 사람도 많은 듯 하지만, 무심코 심한 어조로 말투를 바로잡는 사람, 혹은 일부러 정중한 어조로 대답하는 사람 등, 「タメ口」에 대한 반응도 가지각색입니다.

これから友達と<ruby>食事<rt>しょくじ</rt></ruby>に<ruby>行<rt>い</rt></ruby>くところです

CD1-19

기본 문형 신출 어휘   Basic Grammar New Words

- そろえますⅡ   갖춥니다
- かいつうします(開通〜)Ⅲ   개통합니다

기본 회화 신출 어휘   Basic Dialogue New Words

- 〜いき(〜行き)   〜행
- さいしゅうびん(最終便)   마지막 비행기편

문법 설명 신출 어휘   Grammar Explanation New Words

- あんなに   그토록
- きげん(機嫌)   기분
- つづきます(続きます)Ⅰ   계속됩니다

응용 회화 신출 어휘 — Exercise Dialogue New Words

- でんとうげいのう(伝統芸能)　전통예능
- おまたせしました(お待たせしました)　오래 기다리셨습니다
- こうえん(公演)　공연

- みみ(耳)　귀
- おく(奥)　속, 안 쪽
- やくしゃ(役者)　배우

문형 연습 신출 어휘 — Grammar Practice New Words

- スピーチ　연설
- むかいます(向かいます)Ⅰ　향합니다
- コピーき(～機)　복사기
- ししゃかい(試写会)　시사회
- かんせいします(完成～)Ⅲ　완성합니다

- しゅうしょくします(就職～)Ⅲ　취직합니다
- むすめ(娘)　딸
- ダンス　춤, 댄스
- とかい(都会)　도시
- なります(鳴ります)Ⅰ　울립니다

청해 연습 신출 어휘 — Listening Practice New Words

- いってきます　다녀오겠습니다

독해 연습 신출 어휘 — Reading Practice New Words

- しんかします(進化～)Ⅲ　진화합니다
- きしゅ(機種)　기종
- へんこうします(変更～)Ⅲ　변경합니다
- こくさいでんわ(国際電話)　국제전화
- もうしこみ(申し込み)　신청
- きのう(機能)　기능
- つうわ(通話)　통화
- どうが(動画)　동영상
- とうじょうします(登場～)Ⅲ　등장합니다

- そのご(その後)　그 후
- ナビゲーション　내비게이션
- にゅうりょくします(入力～)Ⅲ　입력합니다
- もくてきち(目的地)　목적지
- みつけます(見つけます)Ⅱ　찾아냅니다
- まいご(迷子)　미아
- プリペイドカード　선불카드
- げんきん(現金)　현금
- しはらい(支払い)　지불

CD1-20

1　これから友達と食事に行くところです。

2　森さんは会議の資料をそろえているところです。

3　崔さんは、今、空港に着いたところです。

4　この地下鉄は去年開通したばかりです。

기본 회화 — Basic Dialogue

CD1-21

A　もしもし、森さん、今どこですか。

B　これから家を出るところです。

A　森さん、プサン行きの最終便は何時か分かりましたか。

B　今調べているところです。少し待ってください。

A　来月、清水さんが結婚するのを知っていますか。

B　ええ、たった今聞いたところです。

A　李さん、この本はもう読み終わりましたか。

B　いいえ、昨日読み始めたばかりです。

1 | 동사 | ところです

동작이 어느 단계에 있는가를 나타낸다. 앞에 오는 동사의 형태에 따라 어떠한 단계인가를 구별하여 나타낼 수 있다.

1　동사 (사전형) ところです

동작이 일어나기 직전임을 나타낸다.

▶ これから友達と食事に 行く ところです。

이제부터 친구와 식사를 하러 나갈 참입니다.

▶ これから家を 出る ところです。

이제부터 집을 나설 참입니다.

▶ 今、風呂に 入る ところなので、 後でこちらから電話します。

지금 목욕을 할 참이니 나중에 제가 전화하겠습니다.

2　동사 ているところです

동작을 하고 있음을 나타낸다.

▶ 森さんは会議の資料を そろえている ところです。

모리 씨는 회의 자료를 갖추고 있던 참입니다.

▶ 今、 調べている ところです。

지금 찾고 있던 참입니다.

▶ 本を 読んでいる ところです。

책을 읽고 있던 참입니다.

꼭 알아두세요!!

「〜ているところです」의 앞에는 의지가 들어 있지 않은 동사는 올 수 없다.

× 今、ドアが開いているところです。

3　동사　たところです

동작이나 사건이 끝난 직후임을 나타낸다.

▶　崔さんは、今、空港に　**着いた**　ところです。

　최 선생님은 지금 막 공항에 도착했습니다.

▶　そのニュースは、たった今　**聞いた**　ところです。

　그 뉴스는 지금 막 들은 참입니다.

▶　さっき、家に　**帰ってきた**　ところです。

　방금 집에 온 참입니다.

2　동사　たばかりです

동작이나 사건이 끝난 지 얼마 지나지 않았음을 나타낸다.

▶　この地下鉄は、去年　**開通した**　ばかりです。

　이 지하철은 작년에 개통해서 얼마 안 되었습니다.

▶　わたしは、先月韓国に　**来た**　ばかりです。

　저는 지난 달 한국에 와서 얼마 안 되었습니다.

▶　この本は、昨日　**読んだ**　ばかりです。

　이 책은 어제 막 읽었습니다.

이 문형은 실제 시간이 얼마나 지났는가에 관계 없이, 경과시간이 짧다고 느끼면 사용할 수 있다. 「동사 た형＋ところです」에는 이러한 의미는 없다.

▶　あの2人は去年結婚したばかりです。

　저 두 사람은 작년에 막 결혼했습니다.

　× あの2人は去年結婚したところです。

3　동사 (ます형)　始めます / 出します

동작이나 변화가 시작됨을 나타낸다. 「〜始めます」는 보통 동작이나 변화의 시작을 나타낼 때 쓰이며, 「〜出します」는 어떤 사건이 갑자기 일어났다는 것을 나타낼 때 쓰는 경향이 있다.

▶ この本は、昨日　読み　始めたばかりです。

이 책은 어제 막 읽기 시작했습니다.

▶ 雨が　降り　始めました。

비가 내리기 시작했습니다.

▶ だんだん人が　帰り　始めましたね。

사람들이 점점 돌아가기 시작했네요.

▶ 子供が　泣き　出して、困りました。

아이가 갑자기 울어대서 곤란했습니다.

▶ さっきまであんなに機嫌がよかったのに、急に　怒り　出してびっくりしました。

방금 전까지 그토록 기분이 좋았는데 갑자기 화를 내서 놀랐습니다.

4 ｜ 동사 (ます형) 続けます

동작이나 상태가 끊이지 않고 계속되고 있음을 나타낸다.

▶ 3時間　歩き　続けました。

세 시간 동안 계속 걸었습니다.

▶ 2時間前からずっと　立ち　続けています。　もう疲れました。

두 시간 전부터 계속 서 있었습니다. 이젠 지쳤습니다.

단,「降ります」의 뒤에는「続けます」가 아닌「続きます」를 붙인다.

▶ 雨が1週間降り続きました。

비가 1주일간 계속 내렸습니다.

5 ｜ 동사 (ます형) 終わります

일정한 양이나 내용의 동작이나 사건이 끝났음을 나타낸다.

▶ その本はもう　読み　終わりました。

그 책은 이미 다 읽었습니다.

▶ 先週もらった薬はもう　飲み　終わりました。

지난 주에 받은 약은 벌써 다 먹었습니다.

응용 회화
Exercise Dialogue

CD1-22

でんとうげいのう
伝統芸能

오노 미도리 씨의 귀국 전날입니다. 낮에 명동 등에서 쇼핑을 하고 밤에는 이경화 씨와 함께 사물놀이를 보러 갑니다. 두 사람은 극장에서 모리 과장과 합류하기로 했습니다.

(극장 앞에서 기다리는 오노 씨와 이경화 씨에게 모리 과장이 다가옵니다)

森 　すみません。お待たせして。

小野 　いいえ、わたしたちもちょっと前に着いたところです。

森 　そうですか。よかった。チケットは？

李 　これから買うところです。

森 　じゃあ、ぼくが買ってきますよ。ここで待っていてください。

(극장 안으로 들어가 세 사람이 자리에 앉습니다)

小野 　この公演、おもしろそうですね。

李 　ええ、最近始まったばかりなんですよ。

(공연이 성공적으로 끝났습니다. 모리 과장이 화장실로 달려갑니다)

李 　小野さん、いかがでしたか。

小野 　すばらしかったです。見終わったばかりで、

　まだ耳の奥に音楽が残っています。

(모리 과장이 화장실에서 돌아오지만 오노 씨 모습은 안 보입니다)

森 　あれっ、小野さんは？

李 　(이경화 씨가 무대를 가리키며) 小野さんなら、

　あそこです。今、役者さんといっしょに

　写真を撮っているところですよ。

1　다음과 같이 밑줄 부분을 바꿔서 연습하세요.

> 예1　手紙を書きます → A：もう手紙を書きましたか。
> 　　　　　　　　　　　B：いいえ、これから書くところです。

(1) 掃除を始めます

(2) 引っ越します

(3) あの映画を見ます

(4) メールを送ります

(5) 小野さんに新しい住所を知らせます

> 예2　日本語のテープを聞きます → A：今、何をしていますか。
> 　　　　　　　　　　　　　　　　B：日本語のテープを聞いているところです。

(1) 辞書で意味を調べます

(2) パーティーの準備をします

(3) スピーチの資料をまとめます

(4) 出張で空港へ向かいます

(5) 住所と名前を確かめます

(6) コピー機を修理してもらいます

> 예3　森さん／来ます → A：森さんはもう来ましたか。
> 　　　　　　　　　　　B：はい、たった今来たところです。

(1) 小野さん／帰ります

(2) 飛行機／着きます

(3) 会議／終わります

(4) 切符／李さんに渡します

(5) 試写会／始まります

(6) あの本／読み終わります

2 다음과 같이 밑줄 부분을 바꿔서 연습하세요.

> 예　この時計は昨日買いました。 → この時計は昨日買ったばかりです。

(1) 王さんは課長になりました。

(2) 昨日ボーナスが出ました。

(3) 清水さんは先月結婚しました。

(4) 子供はやっと歩き始めました。

(5) あのビルは先月完成しました。

(6) 息子は9月に就職しました。

(7) 昨日旅行から帰りました。

(8) 娘は今年大学に入学しました。

3 다음과 같이 문장을 만드세요.

> 예　この本を昨日から読みます（始めました）→ この本を昨日から読み始めました。

(1) 来週からダンスを習います（始めます）

(2) 子供が急に泣きます（出しました）

(3) 都会では自動車が増えます（続けています）

(4) 桜の花はもう咲きます（終わったでしょう）

(5) 隣の部屋で電話が鳴ります（続けています）

4　(　　　　)안에 히라가나 한 글자를 넣어서, 문장을 완성하세요.

> 예　健康(の)ために、タバコ(を)やめました。

(1) 壁(　　　　)カレンダー(　　　　)掛けてあります。

(2) 日本へ帰って(　　　　)、韓国語の勉強(　　　　)続けてください。

(3) 荷物を運ぶ(　　　　)に便利です。

(4) 今日は特に道(　　　　)込んでいますね。

(5) 入口のところ(　　　　)李さんが立っているの(　　　　)見えますか。

(6) 小野さんは1人(　　　　)着物が着られますか。

(7) 社長が来なけれ(　　　　)、出発できません。

5　아래에서 가장 적당한 단어를 골라 (　　　　)에 넣으세요.

> 예　先月は3日(しか)雨が降りませんでした。

(1) 先月日本へ来た(　　　　)で、まだ日本の習慣が分かりません。

(2) これから日本語を勉強する(　　　　)です。日本の会社で働きたいんです。

(3) 今会議をしている(　　　　)です。もう少し待ってください。

(4) レポートを書く(　　　　)、資料を集めています。

(5) 遅れない(　　　　)、少し早く家を出ました。

(6) あなた(　　　　)できますよ。わたし(　　　　)できるんですから。

(7) あなたに(　　　　)教えてあげますから、だれにも言わないでくださいね。

なら	ところ	~~しか~~	だけ	ために	ばかり	ように	でも	つもり

청해 연습 Listening Practice

1 CD를 듣고, 질문에 답하세요. CD1-23

> 예 男の人はどうして女の人といっしょにお茶が飲めないのですか。
>
> ―これから出かけるところだからです。

(1) 男の人はどうして女の人といっしょにテニスができないのですか。

(2) 男の人はどうしてみんなと食事に行けないのですか。

(3) 男の人はどうして女の人と買い物に行けないのですか。

2 글을 읽고, CD의 내용과 일치하는 것에 ○, 일치하지 않는 것에 ×를 하세요. CD1-24

> 昨日の夜はずっと雨が降り続いていました。朝になってやみました。今日は日曜日です。今起きて、コーヒーを飲みながら、ゆっくり新聞を読んでいます。これから掃除や洗濯をします。ゆうべ、崔さんから電話がありました。今日の午後遊びに来るそうです。崔さんが好きな日本料理を作っておこうと思っています。

예 雨はやんでいます。   （ ○ ）

(1)   (2)   (3)   (4)   (5)   (6)

進化し続ける携帯電話

　小野さんは、ソウルにいます。今、景福宮の前から、日本へ電話をしているところです。小野さんは、ソウルへ来る前に、携帯電話を新しい機種に変更したばかりです。小野さんの新しい携帯は国際電話がかけられます。ほとんどの携帯電話は、申し込みをすれば、海外でも使えるようになりました。

　携帯電話の機能は進化し続けています。最初は通話の機能だけでしたが、最近はメールとカメラの機能が付いて、携帯を持っていれば、いつでも写真を送れるようになりました。さらに、動画が撮れる携帯やテレビ電話の機能が付いた携帯が登場し始めました。

　その後、携帯にナビゲーション機能が付いて、住所や電話番号を入力すれば、すぐに目的地が見つけられるようになりました。初めての場所でも迷子になることはありません。地図を持たずに出かけられます。

　最近は、クレジットカードやプリペイドカードの機能が付いた携帯も登場し始めています。携帯があれば、現金がなくても買い物ができるようになりました。コンビニで買い物する時も、携帯を使って支払いができます。

　進化し続ける携帯電話、今度はどんな機能が付くのでしょうか。

　小野さんは、携帯で景福宮の写真を撮りました。これから日本の友達にメールで送るところです。

内容と一致する 것에는 ○, 일치하지 않는 것에는 ×를 하세요.

1. 小野さんは最近新しい携帯電話を買った。　　　　　　　　　　（　　　）

2. 小野さんの携帯電話は海外でメールはできるが、通話はできない。　（　　　）

3. 最近のほとんどの携帯電話は写真が撮れる。　　　　　　　　　（　　　）

4. 携帯電話のナビゲーション機能があれば、初めての場所でも地図は必要ない。

　　　　　　　　　　　　　　　　　　　　　　　　　　　　　　（　　　）

5. 最近のコンビニでは携帯電話がなければ、買い物ができない。　（　　　）

휴대전화 사용법

일본에서 전철을 타면 '열차내에서의 휴대전화 사용은 삼가 주십시오' 라는 방송이 흘러나옵니다. 휴대전화의 전자파가 심장 박동 조정기같은 의료기구의 오작동을 일으키는 등 위험성이 있기 때문에, 휴대전화를 끄도록 하는 것입니다. 그리고 매너 측면에서도 휴대전화의 벨 소리나 통화 소리를 민폐라고 느끼는 사람들이 많아서 전철을 타고 가다가 전화가 오더라도 받지 않거나 '지금 전철 안이니까 나중에 전화하겠습니다'하고 바로 끊는 사람이 대부분입니다. 전철이나 버스 안 뿐이 아니라, 영화관이나 도서관, 미술관 등의 공공건물에서도 휴대전화를 끄거나 진동으로 해 놓아야 합니다.

공공 교통수단 만이 아니라 자가용을 운전할 때에도 전화를 사용하는 것은 금지되어 있습니다. 운전 중의 휴대전화 사용으로 사고가 나는 경우가 많기 때문입니다. 운전 중에 휴대전화를 들고 통화를 하고 있으면 5만 엔 이하의 벌금을 내야 하며 법규 위반 벌점을 받습니다.

李さんは部長に ほめられました

CD1-25

기본 문형 신출 어휘   Basic Grammar New Words

- ほめますⅡ　칭찬합니다
- ことり(小鳥)　작은 새
- ワールドカップ　월드컵

기본 회화 신출 어휘   Basic Dialogue New Words

- しかりますⅠ　혼냅니다
- かみますⅠ　뭅니다
- キャンプ　캠프

문법 설명 신출 어휘   Grammar Explanation New Words

- さそいます(誘います)Ⅰ　권유합니다
- たてます(建てます)Ⅱ　세웁니다
- ニュートン　뉴튼
- はっけんします(発見〜)Ⅲ　발견합니다

응용 회화 신출 어휘 — Exercise Dialogue New Words

- しじょう(市場) 시장
- ちょうさ(調査) 조사
- いやあ 아이고
- まいりました(参りました) 질렸습니다
- まきこみます(巻き込みます)Ⅰ 말려들게 합니다
- こうつうじじょう(交通事情) 교통사정
- あし(足) 발
- ふみます(踏みます)Ⅰ 밟습니다
- いらいします(依頼〜)Ⅲ 의뢰합니다
- ほうこくしょ(報告書) 보고서
- さくねん(昨年) 작년
- はつばいします(発売〜)Ⅲ 발매합니다
- スポーツいんりょう(〜飲料) 스포츠 음료
- もっとも(最も) 가장
- うれます(売れます)Ⅱ 팔립니다
- かいはつします(開発〜)Ⅲ 개발합니다
- はばひろい(幅広い) 폭넓다
- せだい(世代) 세대
- たいりょうだ(大量だ) 대량이다
- せいぞうします(製造〜)Ⅲ 제조합니다
- しゅっか(出荷) 출하
- いたります(至ります)Ⅰ 이릅니다
- すべて 모두
- かんりします(管理〜)Ⅲ 관리합니다
- おおはばだ(大幅だ) 대폭적이다
- コストダウン 원가 절감
- はかります(図ります)Ⅰ 도모합니다
- ていかかく(低価格) 저가격
- じつげんします(実現〜) 실현합니다
- こんご(今後) 앞으로
- せいちょう(成長) 성장
- みこみます(見込みます)Ⅰ 예상합니다, 기대합니다
- もとめます(求めます)Ⅱ 요구합니다
- みりょく(魅力) 매력
- ネーミング 네이밍, 명명
- せんれん(洗練) 세련

문형 연습 신출 어휘 — Grammar Practice New Words

- すり 소매치기
- とります(取ります)Ⅰ <財布を> 〈지갑을〉 훔칩니다, 빼앗습니다
- ほんやくします(翻訳〜)Ⅲ 번역합니다
- ぎゅうにく(牛肉) 소고기
- ゆにゅうします(輸入〜)Ⅲ 수입합니다
- ノーベル 노벨
- ダイナマイト 다이너마이트
- はつめいします(発明〜)Ⅲ 발명합니다
- どろぼう(泥棒) 도둑
- ぬすみます(盗みます)Ⅰ 훔칩니다
- じょうし(上司) 상사
- ゆしゅつします(輸出〜)Ⅲ 수출합니다
- こうじょう(工場) 공장
- せいさんします(生産〜)Ⅲ 생산합니다

청해 연습 신출 어휘 — Listening Practice New Words

- おこします(起こします)Ⅰ 깨웁니다
- ぶつけますⅡ 부딪칩니다

CD1-26

1　李さんは部長にほめられました。

2　崔さんは森さんにカメラを壊されました。

3　朴さんは飼っていた小鳥に逃げられました。

4　2002年に韓国と日本でワールドカップが

開かれました。

CD1-27

A　太田君、どうしたんだ。元気がないね。

B　ええ。部長にしかられたんです。

A　李さん、どうしたんですか。

B　昨日犬に手をかまれたんです。

A　週末にキャンプに行きました。

B　へえ。楽しかったですか。

A　2日とも雨に降られて、大変でしたよ。

A　この車のデザインはとてもいいですね。

B　ええ。日本の有名なデザイナーによって
設計されました。

1 수동형

수동형은 주어가 되는 사람이나 사물이 어떤 동작이나 영향을 받는 것을 나타내는 형식이다. 만드는 방법은 아래와 같다.

- Ⅰ그룹 : 「ない형」의 「ない」를 「れます」로 바꾼다.
- Ⅱ그룹 : 「ない형」의 「ない」를 「られます」로 바꾼다.
- Ⅲ그룹 : 「来ます」는 「来られます」, 「します」는 「されます」가 된다.

그룹 　형		ない형		수동형	수동형(사전형)
Ⅰ	書きます	かか**ない**	→	かか**れます**	かか**れる**
	急ぎます	いそが**ない**	→	いそが**れます**	いそが**れる**
	死にます	しな**ない**	→	しな**れます**	しな**れる**
	読みます	よま**ない**	→	よま**れます**	よま**れる**
	飛びます	とば**ない**	→	とば**れます**	とば**れる**
	売ります	うら**ない**	→	うら**れます**	うら**れる**
	買います	かわ**ない**	→	かわ**れます**	かわ**れる**
	待ちます	また**ない**	→	また**れます**	また**れる**
	話します	はなさ**ない**	→	はなさ**れます**	はなさ**れる**
Ⅱ	食べます	たべ**ない**	→	たべ**られます**	たべ**られる**
	見ます	み**ない**	→	み**られます**	み**られる**
Ⅲ	来ます	→		**こられます**	**こられる**
	します	→		**されます**	**される**

＊ 수동형은 Ⅱ그룹과 같은 모양으로 활용한다.

2 　명사1 는 (명사2 に) 동사 (ら)れます

수동문을 만드는 경우, 동작의 대상이 주어가 되며 동작의 주체는 조사 「に」로 나타낸다.

部長は　李さんを　　ほめました。　　부장님은 이 선생님을 칭찬했습니다.

李さんは　　部長に　　ほめられました。　　이 선생님은 부장님께 칭찬받았습니다.

▶ 森さんは小野さんに食事に誘われました。　　모리 씨는 오노 씨에게 식사를 권유 받았습니다.

알아두면 좋아요!!

은혜를 입은 경우에는 동사를 수동형으로 만들기보다는 「〜てもらいます」(☞ 제 28 과 문법 설명 3)쪽을 사용하는 경우가 많다.

▶ 李さんは友達に助けてもらいました。　이 선생님은 친구에게 도움을 받았습니다.

3 　명사1 는 명사2 に 명사3(소지품, 신체 일부) を 동사 (ら)れます

일반적으로 소유자의 소지품이나 신체 일부에 어떤 동작을 받아서 소유자가 곤란한 상황에 처한 경우에 사용하는 수동문이다. 이 때 소지품의 소유자, 신체 일부의 소유자만이 수동문의 주어가 될 수 있다.

森さんは　　崔さんの　　カメラを壊しました。　　모리 씨는 최 선생님의 카메라를 고장냈습니다.

崔さんは　　森さんに　　カメラを壊されました。　　모리 씨로 인해 최 선생님의 카메라가 고장났습니다.

▶ 李さんは昨日犬に手をかまれました。　이 선생님은 어제 개에게 손을 물렸습니다.

▶ 森さんは田中さんに本を汚されました。　다나카 씨로 인해 모리 씨의 책이 더러워졌습니다.

알아두면 좋아요!!

일본어 수동문에서는 일반적으로 무생물이 주어로 쓰이지 않는다. 즉, 소지품 혹은 신체 일부가 수동문의 주어가 될 수 없다.

× 崔さんのカメラが森さんに壊されました。

× 昨日李さんの手は犬にかまれました。

4　명사1 は 명사2 に 동사 (ら)れます

간접수동문으로, 피해자가 간접적으로 어떤 사건의 영향을 받아 곤란을 겪게 되는 경우에 사용된다. 간접수동문에서는 타동사 뿐만 아니라 자동사도 사용할 수 있다. 피해의 수동문이다.

小鳥（ことり）が 逃（に）げました。 작은 새가 도망쳤습니다.

朴（パク）さんは 小鳥（ことり）に 逃（に）げられました。 박 선생님은 작은 새가 도망가 버려서 슬펐습니다.

▶ 張（チャン）さんは隣（となり）の人（ひと）に夜遅（よるおそ）くまで騒（さわ）がれました。

　장 선생님은 이웃 사람이 밤 늦게까지 소란을 피워서 곤란했습니다.

▶ 食事中（しょくじちゅう）、隣（となり）の人（ひと）にタバコを吸（す）われました。

　식사 중에 옆 사람이 담배를 피워 불쾌했습니다.

5　명사 が/は 동사 (ら)れます

일본어에서는 일반적으로 무생물이 수동문의 주어로 쓰이지 않는다. 다만, 동작의 주체가 불특정 다수로 굳이 동작의 주체를 밝힐 필요가 없는 경우에는 사물이나 사건이 수동문의 주어로 쓰이는 경우가 있다.

▶ 2002年（にせんにねん）に韓国（かんこく）と日本（にほん）でワールドカップが開（ひら）かれました。

　2002년에 한국과 일본에서 월드컵이 열렸습니다.

▶ 駅前（えきまえ）に高（たか）いビルが建（た）てられました。

　역 앞에 높은 빌딩이 세워졌습니다.

6 명사1 는 명사2 によって 동사 (ら)れます

수동문에서 무생물이 주어가 될 수 있는 2번째 유형으로, 이 때는 창작, 생산, 발견의 의미를 가지는 동사가 쓰이며, 수동문의 동작의 주체는「によって」로 나타낸다.

▶ この車は日本の有名なデザイナーによって設計されました。

이 차는 일본의 유명한 디자이너에 의해 설계되었습니다.

▶ 「万有引力の法則」はニュートンによって発見されました。

「만유인력의 법칙」은 뉴튼에 의해 발견되었습니다.

▶ この本は山田先生によって書かれました。

이 책은 야마다 선생님에 의해 쓰여졌습니다.

7 ～とも

일반적으로 10 이내의 수량표현 뒤에 붙어 '그 수량 모두' 라는 의미를 나타낸다.

▶ 2日とも雨に降られて、大変でしたよ。

2일 내내 비가 내려서 힘들었어요.

▶ 社員は3人いますが、今は3人とも出かけています。

사원은 세 명 있습니다만, 지금은 세 명 모두 나가 있습니다.

CD1-28

市場調査
しじょうちょうさ

오오타 신고 씨가 일하는 KOTTE 제약에서는 새롭게 개발한 스포츠 음료를 가까운 시일 내에 상품화할 예정입니다. 아오야마 기획 서울지사는 시장 조사와 신상품 광고 기획을 의뢰 받았습니다. 모리 과장과 이경화 씨는 각기 조사를 하기 위해 출발합니다.

(이경화 씨가 먼저 사무실로 돌아온 다음에 잠시 후 모리 과장도 돌아옵니다)

李　あっ、森課長、お疲れ様でした。

　　遅かったですね。

森　いやあ、参りましたよ。タクシーで

　　帰ってきたんですが、渋滞に巻き込まれて。

　　ソウルの交通事情は大変ですね。

李　ええ、そうなんです。わたしも毎日、バスの中で足を踏まれていますよ。

(호출을 받아 가토 지사장에게 갔다 온 모리 과장에게 이경화 씨가 물어봅니다)

李　森課長、支社長に呼ばれて何か言われたんですか。

森　ええ。KOTTE製薬から依頼された調査のレポートが遅いって、しかられました。

(모리 과장은 조사 보고서를 만들었습니다)

「KOTTE製薬」調査報告書

森 健太郎

　……昨年発売されたスポーツ飲料は3種類あり、最も売れているのは、韓国のA社によって開発された「ピカリ」である。定価が最も安く、子供からお年寄りまで、幅広い世代に人気がある。「ピカリ」は昨年から大量に製造されるようになった。

　製造から出荷に至るまですべてコンピュータで管理され、大幅なコストダウンが図られているため、低価格が実現できたと考えられる。……

　スポーツ飲料の市場は今後も成長が見込まれるが、新しい商品に求められるのは、魅力あるネーミングと洗練されたデザインである。……

문형 연습　Grammar Practice

1 그림을 보고, 다음과 같이 밑줄 부분을 바꿔서 연습하세요.

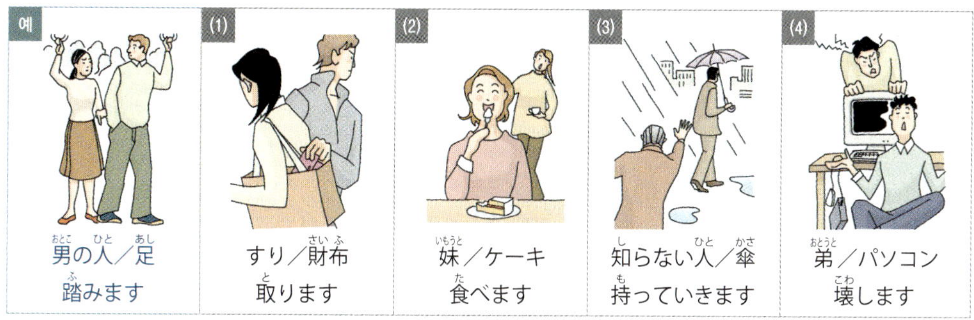

예　男の人に足を踏まれました。

(1)　　　　　(2)　　　　　(3)　　　　　(4)

2 다음과 같이 밑줄 부분을 바꿔서 연습하세요.

예　雨が降ります／ぬれてしまいました → 雨に降られて、ぬれてしまいました。

(1) 田中さんが休みます／１日中とても忙しかったです

(2) 夜中に赤ちゃんが泣きます／寝られませんでした

(3) 若い社員が辞めます／困っています

(4) 夜遅く友達が来ます／寝られませんでした

3　다음과 같이 밑줄 부분을 바꿔서 연습하세요.

> 예1　　この歌を日本でよく歌います。→ この歌は日本でよく歌われています。

(1) 韓国料理を日本でもよく食べます。

(2) この本を多くの国で翻訳します。

(3) この店の牛肉をオーストラリアから輸入します。

> 예2　　ニュートンが万有引力の法則を発見しました。
> → 万有引力の法則はニュートンによって発見されました。

(1) 村上春樹が『ノルウェイの森』を書きました。

(2) 有名な建築家がこのホテルを設計しました。

(3) ノーベルがダイナマイトを発明しました。

4　아래에서 동사를 골라, 적당한 형태로 바꿔서 문장을 완성하세요.

> 예　　男の人に（ 押され ）て、けがをしてしまいました。

(1) 昨日急に友達に（　　　　）て、全然勉強できませんでした。

(2) わたしは中田ですが、よく「田中さん」と（　　　　）ます。

(3) 雨に（　　　　）て、ぬれてしまいました。

(4) スキーで転んで、みんなに（　　　　）てしまいました。

(5) 張さんは遅刻して、先生に（　　　　）ました。

(6) 大勢の社員に（　　　　）て、困っています。

| 押します | 辞めます | 注意します | 言います | 笑います | 降ります | 来ます |

5 (　　　　)안의 단어를 주어로 하는 수동문을 만드세요.

> 예　兄はわたしの恋人の写真を見ました。（わたし）
> → わたしは兄に恋人の写真を見られました。

(1) 若い人が日本の小説を読んでいます。（日本の小説）

(2) 部長は小野さんに仕事を頼みました。（小野さん）

(3) 多くの国でこのソフトを使っています。（このソフト）

(4) 泥棒がわたしの時計を盗みました。（わたし）

(5) 昨日、森さんは小野さんを食事に誘いました。（小野さん）

(6) 上司はわたしに「もっと早く来い」と言いました。（わたし）

6 (　　　　)안에 적당한 히라가나를 한 글자 넣으세요.

> 예　わたしは飼っていた犬（　に　）逃げられました。

(1) 電車の中(　　　　)足を踏まれたので、靴が汚れました。

(2) 外国人(　　　　)道(　　　　)聞かれました。

(3) 日本(　　　)（　　　　）外国に多くの機械が輸出されています。

(4) この工場(　　　　)は1日(　　　　)1万台の車が生産されています。

(5) 昨日、映画(　　　　)誘われましたが、忙しくて行けませんでした。

1 CD를 듣고, 내용과 맞는 그림을 고르세요.　CD1-29

예
A：うれしそうですね。
B：先生にほめられたんです。　（　ｂ　）

(1)　　　　　　　(2)　　　　　　　(3)　　　　　　　(4)

2 CD를 듣고, 내용과 일치하는 것에 ○, 일치하지 않는 것에 ×를 하세요.　CD1-30

예　男の人は高速道路で車をぶつけられました。　（　○　）

(1) 社長は男の人に急に仕事を頼みました。　　　　　　　（　　）

(2) 男の人は駅前で女の人に自転車を壊されました。　　　（　　）

줄서기

도쿄에 놀러 가서 한국에 있을 때처럼 에스컬레이터를 타면 뒤에서 오는 사람들이 이상한 눈으로 쳐다볼지도 모릅니다. 그리고 경우에 따라서는 따끔한 한마디를 들을지도 모릅니다. 왜냐하면 한국은 에스컬레이터의 오른쪽에 서지만, 일본은 왼쪽에 서며, 급한 사람들이 오른쪽에서 오르내립니다. 그래서 한국과 같은 방식으로 에스컬레이터를 타면 급한 사람들에게 방해가 되어버리기 때문입니다. 하지만 오사카에서는 한국과 같아서 서는 사람이 오른쪽, 급한 사람이 왼쪽입니다.

그리고 은행의 ATM이나 공중화장실 등에서는 「フォーク並び(포크 줄서기)」라는 줄서기 방법을 이용하게 되었습니다. 예를 들어 ATM의 경우, 기계 하나 하나의 뒤에서 줄 서지 않고, 우선 한 줄로 서 다음, 빈 자리가 나면 줄의 맨 앞 사람이 ATM을 이용하는 방법으로, 늘어선 줄의 모양이 포크와 비슷하기 때문에 이런 이름으로 불리고 있습니다.

第42課

テレビをつけたまま、
<ruby>で</ruby>出かけてしまいました

CD1-31

기본 문형 신출 어휘　　　　　　　　Basic Grammar New Words

- **めざまし**(目覚まし)　자명종
- **かけます**<目覚ましを>Ⅱ
　　　〈자명종을〉 맞춥니다
- **にゅういん**(入院)　입원

기본 회화 신출 어휘　　　　　　　　Basic Dialogue New Words

- **せきにんしゃ**(責任者)　책임자

문법 설명 신출 어휘   Grammar Explanation New Words

- いきさき(行き先)　행선지
- つげます(告げます)Ⅱ　알립니다
- くうふく(空腹)　공복, 배고픔
- どくしょ(読書)　독서
- しゅっきんします(出勤〜)Ⅲ　출근합니다
- かんき(換気)　환기
- かんきゃく(観客)　관객
- とうぜんだ(当然だ)　당연하다

응용 회화 신출 어휘   Exercise Dialogue New Words

- きかくあん(企画案)　기획안
- ちょくせつ(直接)　직접
- がいしゅつ(外出)　외출
- どうりょう(同僚)　동료
- あずかります(預かります)Ⅰ　맡습니다, 보관합니다
- るす(留守)　집을 비움, 부재중
- るすにします(留守に〜)Ⅲ　집이나 사무실을 비웁니다
- たずねます(訪ねます)Ⅱ　방문합니다
- さっそく(早速)　곧, 즉시
- けんとうします(検討〜)Ⅲ　검토합니다
- [お]へんじ([お]返事)　대답, 답변

문형 연습 신출 어휘   Grammar Practice New Words

- こうどう(講堂)　강당
- きづきます(気づきます)Ⅰ　알아차립니다
- たしかだ(確かだ)　확실하다
- しんじます(信じます)Ⅱ　믿습니다
- ただしい(正しい)　올바르다

청해 연습 신출 어휘   Listening Practice New Words

- いじめますⅡ　괴롭힙니다

CD1-32

1　テレビを**つけたまま**、出かけてしまいました。

2　目覚ましを**かけておいたのに**、今朝は

起きられませんでした。

3　会議は５時までですから、もうすぐ**終わるはずです**。

4　張さんは入院中ですから、旅行に

行くはずがありません。

기본 회화 — Basic Dialogue

CD1-33

A 昨日、窓を開けたまま寝たので、風邪を引いてしまいました。

B それはいけませんね。お大事に。

A すみません、このパソコン、電源を入れたのに
動かないんですが…。

B ああ、そのパソコンは壊れているんです。

A 森さんはどこですか。

B 1時間ほど前に会社を出ましたから、もう家に着いている
はずです。

A 太田さん、遅いですね。

B ええ。でも、太田さんは 責任者ですから、
遅れるはずはないんですが…。

1　동사 (た형／ない형)　まま、～ ／ 명사 ＋の＋まま、～

변해야 하는 상태가 변하지 않고 유지된 상황에서 다른 동작을 하여 바람직하지 않은 상황이 되었음을 나타낸다. 「まま」의 앞이 긍정문인 경우에는 「동사 た형＋まま」를 사용하며, 부정문인 경우에는 「ない형＋まま」를 사용한다. 앞에 명사가 오는 경우에는 「명사＋の＋まま」를 사용한다.

▶ テレビを**つけたまま**、出かけてしまいました。

　　텔레비전을 켠 채 외출해 버렸습니다.

▶ 李さんはコートを**着たまま**、ベッドで寝てしまいました。

　　이 선생님은 코트를 입은 채 침대에서 자 버렸습니다.

▶ 崔さんは行き先を**告げないまま**、家を出てしまいました。

　　최 선생님은 행선지를 알리지 않은 채 집을 나와 버렸습니다.

▶ わたしたちは**空腹のまま**、出発しました。

　　저희는 배고픈 채 출발했습니다.

2　보통형　のに、～

일반적인 예상이나 상식, 도리에 반대되는 상황이 일어남을 나타낸다. ナ형용사의 경우에는 「だ」를 떼고 「なのに」를 붙이며 명사는 「명사＋な＋のに」를 사용한다.

▶ 目覚ましを**かけておいたのに**、今朝は起きられませんでした。

　　자명종을 맞춰 두었는데도 오늘 아침에는 일어날 수 없었습니다.

▶ 今日はこんなに**寒いのに**、森さんは寒くないと言いました。

　　오늘 이렇게 추운데도 모리 씨는 춥지 않다고 말했습니다.

▶ この家は駅から近くて**便利なのに**、買う人がいません。

　　이 집은 역에서 가깝고 편리한데도 사려는 사람이 없습니다.

▶ 田中さんは**作家なのに**、読書が嫌いです。

　　다나카 씨는 작가인데도 독서를 싫어합니다.

▶ 森さんは昨日**病気だったのに**、出勤しました。

　　모리 씨는 어제 아팠는데도 출근했습니다.

꼭 알아두세요!!

「~のに」의 뒤 문장에 명령이나 의뢰를 나타내는 문장은 사용할 수 없다.

▶ × 寒いのに、換気のために窓を開けてください。
　 ○ 寒いですが、換気のために窓を開けてください。

춥지만 환기를 위해 창을 열어 주세요.

3　보통형 **はずです**

어떤 이유·근거에 의해 추측한 내용에 확신이 있는 경우 사용한다. ナ형용사는 「だ」를 「~なはずです」로 바꾸며, 명사는 「명사＋の＋はずです」를 사용한다.

▶ 会議は5時までですから、もうすぐ終わるはずです。

회의는 5시까지이니 이제 곧 끝날 것입니다.

▶ この映画は人気がありますから、観客は多いはずです。

이 영화는 인기가 있으니 관객이 많을 것입니다.

▶ 金さんはこの大学の学生のはずです。

김 선생님은 이 대학의 학생일 것입니다.

「~はずです」는 말하는 사람 자신이 경험한 것이지만 기억이 확실하지 않은 상황에서도 사용할 수 있으며 실제 상황이 자신의 생각과 일치하지 않는 경우에도 사용할 수 있다.

▶ たしか、書類は机の上に置いたはずです。

내 기억으로, 서류는 책상 위에 두었을 것입니다.

▶ 清水さんはまだ来ていませんが、今日は来るはずです。

시미즈 씨는 아직 오지 않았습니다만, 오늘은 올 것입니다.

4 보통형 はずがありません

「～はずがありません」은 「～はずです」의 부정이며, 어떤 이유·근거에 의해 부정적인 추측을 하는 것을 나타낸다. ナ형용사는 「だ」를 「なはずがありません」으로 바꾸며, 명사는 「명사 + の + はずがありません」의 형식이 된다. 「～はずはないです」라고도 말한다.

[장 선생님이 여행을 갔다는 소문을 들은 경우]
▶ 張さんは入院中ですから、旅行に行くはずがありません。

장 선생님은 입원 중이니 여행을 갈 리가 없습니다.

[7월의 호주는 덥냐는 질문을 받고서]
▶ 7月のオーストラリアは冬ですから、暑いはずがありません。

7월의 호주는 겨울이니 더울 리가 없습니다.

▶ 太田さん、遅いですね。오오타 씨, 늦는군요.
　―ええ。でも、太田さんは責任者ですから、遅れるはずはないんですが…。

　예. 하지만 오오타 씨는 책임자이니 늦을 리가 없을 텐데요…

[모리 씨는 자신이 초보라고 했지만, 실제로는 상급자였던 경우]
▶ 森さんはスキーがあんなに上手ですから、初心者のはずがありません。

모리 씨는 스키를 그렇게 잘 타시니 초보일 리가 없습니다.

5 ～ですもの

「～ですもの」는 원인·이유를 나타내며, 가까운 관계의 대화에서 사용한다. 주로 여성이 사용한다. 「～ですから」에 비하면 부드러운 말투이다. 주로 자신과 관계가 있는 이유를 나타낼 때 사용하며, 자신의 행위가 정당하다는 것을 주장하는 느낌이 있다.

[A가 동료인 커리어 우먼 B에게 말을 건다]
▶ A : 今月から給料が上がったそうですね。이번 달부터 월급이 올랐다고 하네요.
　B : こんなにたくさん仕事しているんですもの。当然でしょう。

　이렇게나 많이 일하고 있는 걸요. 당연하지요.

응용 회화 — Exercise Dialogue

CD1-34

企画案

아오야마 기획 서울지사에서는 모리 과장과 이경화 씨가 중심이 되어 KOTTE 제약에서 의뢰 받은 신상품의 광고 기획안을 만들었습니다. 모리 과장은 프레젠테이션을 하기 전, 검토를 위해 KOTTE 제약에 기획안을 보내는데…

(KOTTE 제약 오오타 씨한테서 전화가 오고 가토 지사장이 이경화 씨에게 확인합니다)

加藤　今、太田さんから電話があったんだけど、まだ企画案が届いていないそうだよ。

李　　変ですね。森課長がおととい送ったはずですが。

(이경화 씨도 모리 과장에게 확인합니다)

森　　ええ？　おかしいな。そんなはずはないですよ。

李　　そうですよね。おととい送ったんですものね。

森　　いえ、自分で届けたんです。九老洞の方へ
　　　行く用事があったので。

李　　じゃあ、太田さんに直接渡したんですか。

森　　いえ、太田さんは外出中でしたから、会社の
　　　人に預けてきました。

(잠시 후, 모리 과장이 오오타 씨의 전화를 받습니다)

太田　すみません。企画案、届いていました。同僚が預かったままだったんです。

森　　そうだったんですか。よかったです。

太田　せっかく来てくれたのに、留守にして、すみませんでした。

森　　いえ、こちらこそ。連絡もせずに、訪ねてしまって。

(통화 마지막에)

太田　早速、企画案を検討してみます。来週中には、お返事できるはずです。

森　　よろしくお願いします。

1　다음과 같이 밑줄 부분을 바꿔서 연습하세요.

> 예
>
> 靴／脱ぎます／はきます
> → Ａ：講堂に入る時、靴を脱がなければなりませんか。
> 　　Ｂ：はいたままでいいですよ。

(1) コート／脱ぎます／着ます　　　(2) 帽子／脱ぎます／かぶります

(3) 荷物／預けます／持ちます　　　(4) 携帯の電源／切ります／入れます

2　다음과 같이 밑줄 부분을 바꿔서 연습하세요.

> 예
>
> 電源を入れました／動きません → 電源を入れたのに、動きません。
> 寒いです／海で泳いでいます → 寒いのに、海で泳いでいます。
> 便利です／使いません → 便利なのに、使いません。

(1) 絶対に来ると言いました／まだ来ません

(2) 地震がありました／気づきませんでした

(3) この機械は新しいです／もう故障しました

(4) この問題は難しくなかったです／だれもできませんでした

(5) 金さんは英語が上手です／あまり使いません

(6) うわさは確かではないです／みんなが信じています

(7) 春です／まだ寒いです

(8) まだ５時過ぎです／もう会社にだれもいません

3 다음과 같이 밑줄 부분을 바꿔서 연습하세요.

> 예
> 張さんは入院中です／旅行に行きます
> → 張さんは入院中です。だから、旅行に行くはずがありません。

(1) 李さんは優しいです／怒ります

(2) 清水さんはオーストラリアで働いたことがあります／英語が分かりません

(3) 小野さんとちゃんと約束をしました／来ません

4 다음과 같이 밑줄 부분을 바꿔서 연습하세요.

> 예
> 今人気のあのお菓子を買います
> → A：今人気のあのお菓子を買いたいんですが…。
> 　 B：午前中に行けば、買えるはずです。

(1) 車を駅前の駐車場に止めます

(2) 青山企画の社長に会います

(3) 教室のパソコンを使います

5　아래에서 어구를 골라 적당한 형태로 바꿔서 문장을 완성하세요.

예　一生懸命やりましたから、きっと（ 成功する ）はずです。

(1) せっかく住所を書いて（　　　　　）のに、なくしてしまいました。

(2) 今までにゴルフをしたことがないんですって。（　　　　　）のに上手ですね。

(3) （　　　　　）のに会費を払わなければなりません。

(4) 辞書で調べたから、この漢字は（　　　　　）はずです。

(5) 月曜日、図書館は（　　　　　）はずです。

(6) パソコンを（　　　　　）まま、外出しないようにしてください。

休みです	初めてです	正しいです	出席しません
~~成功します~~	もらいました	つけます	

6　（　　　　　）에「のに」또는「ので」를 넣어서 문장을 완성하세요.

예　夏休みな（ ので ）、学校へ行かなくていいです。
　　夏休みな（ のに ）、毎日学校へ行きます。

(1) ここは禁煙な（　　　　　）、タバコを吸うことができません。

(2) ここは禁煙な（　　　　　）、タバコを吸っている人がいます。

(3) 外がうるさい（　　　　　）、全然起きないでずっと寝ています。

(4) 外がうるさい（　　　　　）、窓を閉めます。

(5) まじめに働くと言った（　　　　　）、雇いました。

(6) まじめに働くと言った（　　　　　）、すぐ辞めました。

청해 연습　Listening Practice

1　CD를 듣고, 이어지는 내용을 아래에서 고르세요.　CD1-35

예　2年間も日本語を勉強しているのに、(　　　a　　　)。

(1)　　　　　(2)　　　　　(3)　　　　　(4)　　　　　(5)

a 上手に話せません　　　　　　　b とても上手に話せます
c だれも読みません　　　　　　　d 全然勉強しません
e 大勢の人が読んでいます　　　　f 一生懸命勉強します

2　CD를 듣고, 이어지는 내용을 아래에서 고르세요.　CD1-36

예　李さんは親切だから、(　　　c　　　)。

(1)　　　　　　(2)　　　　　　(3)　　　　　　(4)

a 友達をいじめるはずがありません　　　　b 雪が降るはずがありません
c 困っている人がいたら助けるはずです　　d 間に合うはずです
e 間に合うはずがありません

朴（パク）さんは、息子（むすこ）を アメリカに留学（りゅうがく）させます

CD2-1

기본 회화 신출 어휘   Basic Dialogue New Words

- □ [お]てつだい([お]手伝い)　도움
- □ ぶか(部下)　부하
- □ きぶん(気分)　기분
- □ のりかえ(乗り換え)　환승

문법 설명 신출 어휘   Grammar Explanation New Words

- □ せんしゅ(選手)　선수
- □ かんとく(監督)　감독
- □ アルファベット　알파벳
- □ さけます(避けます)II　피합니다

응용 회화 신출 어휘　　　　　　Exercise Dialogue New Words

- プレゼンテーション/プレゼン
　　　　　　　　　　　프리젠테이션
- いうまでもなく(言うまでもなく)
　　　　　　　　　　　말할 필요도 없이
- ひんしつ(品質)　품질
- じゅうようだ(重要だ)　중요하다
- りかいします(理解～)Ⅲ　이해합니다
- しかも　게다가
- しんきんかん(親近感)　친근감
- りそうてきだ(理想的だ)　이상적이다
- ぐたいてきだ(具体的だ)　구체적이다
- ていあんします(提案～)Ⅲ　제안합니다
- たとえば(例えば)　예를 들어

- びよう(美容)　미용
- かんじ(感じ)　느낌
- うけます(受けます)Ⅱ　받습니다
- インパクト　임팩트
- そこで　그래서
- きいろ(黄色)　노랑
- ざんしんだ(斬新だ)　참신하다
- しさくします(試作～)Ⅲ　시험 제작합니다
- イメージ　이미지
- ぐっと　훨씬, 한층
- しょうひしゃ(消費者)　소비자

문형 연습 신출 어휘　　　　　　Grammar Practice New Words

- じゅく(塾)　보습학원
- あたためます(温めます)Ⅱ　데웁니다
- れいぶん(例文)　예문
- あんきします(暗記～)Ⅲ　암기합니다
- そうたいします(早退～)Ⅲ　조퇴합니다
- われわれ(我々)　우리
- かいじょう(会場)　회장
- あんないやく(案内役)　안내 담당
- かたい(硬い)　질기다
- せつめいしょ(説明書)　설명서

- じ(字)　글자
- せつび(設備)　설비
- ととのいます(整います)Ⅰ　정비됩니다
- つゆ(梅雨)　장마
- せんたくもの(洗濯物)　세탁물, 빨래
- かわきます(乾きます)Ⅰ　마릅니다
- ガラス　유리
- あつい(厚い)　두껍다
- ぶっか(物価)　물가

청해 연습 신출 어휘　　　　　　Listening Practice New Words

- つま(妻)　아내
- きゅうしょくします(休職～)Ⅲ　휴직합니다
- けんきゅう(研究)　연구
- おや(親)　부모님

- かたづけ(片付け)　정리, 정돈
- ふくしゅう(復習)　복습
- せいせき(成績)　성적

CD2-2

1　朴さんは、息子をアメリカに留学させます。

2　部長は太田さんにレポートを書かせました。

3　疲れました。少し休ませてください。

4　このボールペンはとても書きやすいです。

기본 회화 · Basic Dialogue

CD2-3

A　今、子供を買い物に行かせています。

B　お手伝いですか。わたしもよく子供に家の仕事を
　手伝わせます。

A　遠いですから、駅まで部下に送らせましょうか。

B　大丈夫です。ありがとうございます。

A　部長、気分が悪いので、早く帰らせてください。

B　ええ、いいですよ。お大事に。

A　この駅は乗り換えが分かりにくいですね。

B　ええ、とても大きい駅ですからね。

1　사역형

사역형은 상대방에게 명령한다든지 지시하여 무언가를 시킬 때, 그리고 허가를 나타낼 때 사용된다. 만드는 방법은 아래와 같다.

- Ⅰ그룹 : 「ない형」의 「ない」를 「せます」로 바꾼다.
- Ⅱ그룹 : 「ない형」의 「ない」를 「させます」로 바꾼다.
- Ⅲ그룹 : 「来ます」는 「来させます」, 「します」는 「させます」가 된다.

그룹 ＼ 형		ない형		사역형	사역형(사전형)
Ⅰ	書きます	かか**ない**	→	かか**せます**	かか**せる**
	急ぎます	いそが**ない**	→	いそが**せます**	いそが**せる**
	死にます	しな**ない**	→	しな**せます**	しな**せる**
	読みます	よま**ない**	→	よま**せます**	よま**せる**
	飛びます	とば**ない**	→	とば**せます**	とば**せる**
	売ります	うら**ない**	→	うら**せます**	うら**せる**
	買います	かわ**ない**	→	かわ**せます**	かわ**せる**
	待ちます	また**ない**	→	また**せます**	また**せる**
	話します	はなさ**ない**	→	はなさ**せます**	はなさ**せる**
Ⅱ	食べます	たべ**ない**	→	たべ**させます**	たべ**させる**
	見ます	み**ない**	→	み**させます**	み**させる**
Ⅲ	来ます	→		こ**させます**	こ**させる**
	します	→		**させます**	**させる**

＊「(さ)せます」는 Ⅱ그룹과 같은 모양으로 활용한다.

2　명사1 は 명사2 を 자동사 (さ)せます

사역문에서는 주어가 되는 것은 동작을 하는 사람이 아닌 동작을 시키는 사람이며, 동사가 자동사인 경우, 동작을 하는 사람은 조사 「を」로 나타낸다.

李さんは		出張します。	이 선생님은 출장 갑니다.
部長は	李さんを	出張させます。	부장님은 이 선생님을 출장가게 합니다.

▶ 朴さんは、息子をアメリカに留学させます。박 선생님은 아들을 미국에 유학시킵니다.

▶ 田中さんは公園で子供を遊ばせています。다나카 선생님은 공원에서 아이를 놀게 하고 있습니다.

▶ あの課長は部下を休ませません。저 과장님은 부하를 쉬게 하지 않습니다.

3 | 명사1 | 는 | 명사2 | 에게 | 명사3 | 을 | 타동사 | (さ)せます

타동사인 경우에는 동작을 하는 사람은 조사 「に」로 나타낸다. 같은 문장 속에서 조사 「を」
를 중복해 사용하는 것을 피하기 위함이다.

森さんは　歌を歌います。　　모리 씨는 노래를 부릅니다.

朴さんは　森さんに　歌を歌わせます。　박 선생님은 모리 씨에게 노래를 부르게 합니다.

× 朴さんは　森さんを　歌を歌わせます。

▶ 部長は太田さんにレポートを書かせました。부장님은 오오타 씨에게 보고서를 쓰게 했습니다.

▶ 先生は生徒にこの本を読ませます。선생님은 학생에게 이 책을 읽게 합니다.

▶ 先生は生徒にたくさんの歌を覚えさせました。선생님은 학생에게 많은 노래를 외우게 했습니다.

4 | 사역 수동형

사역형에 수동형을 붙인 사역 수동형은 강제된 동작을 나타낸다. 만드는 방법은 아래와 같다.

- Ⅰ그룹 : 「ない형」의 「ない」를 「されます」로 바꾼다.
- Ⅱ그룹 : 「ない형」의 「ない」를 「させられます」로 바꾼다.
- Ⅲ그룹 : 「来ます」는 「来させられます」, 「します」는 「させられます」가 된다.

그룹＼형		ない형		사역 수동형	사역수동형(사전형)
Ⅰ	書きます	かかない	→	かかされます	かかされる
Ⅱ	食べます	たべない	→	たべさせられます	たべさせられる
Ⅲ	来ます	→			こさせられます	こさせられる
	します	→			させられます	させられる

▶ 選手は　走ります。선수는 달립니다.

監督は　選手を　走らせます。감독은 선수를 달리게 합니다.

選手は　監督に　走らされます。선수는 감독의 명령에 따라(마지 못해) 달립니다.

5　동사 **(さ)せてください**

자신의 동작에 대해 허가를 구하는 경우 「〜(さ)せてください」를 사용한다. 이 문장에는 말하는 사람은 드러나지 않지만, 특별히 강조하는 경우에는 「わたしを」나 「わたしに」를 쓴다.

▶ 疲れました。(わたしを)少し休ませてください。 지쳤습니다. (저를) 좀 쉬게 해 주세요.

▶ すみません、(わたしに)ちょっとその自転車を使わせてください。
　죄송합니다만, (제가) 그 자전거를 좀 사용하게 해 주세요.

▶ この仕事はわたしにやらせてください。 이 일은 제가 하게 해 주세요.

6　동사 (ます형) **やすいです / にくいです**

「〜やすいです」는 어떤 동작을 하기 쉽거나 어떤 일이 일어나기 쉽다는 것을 나타낸다. 반대로, 「〜にくいです」는 어떤 동작을 하는 것이 어렵거나 어떤 일이 일어나기 어렵다는 것을 나타낸다.

▶ このボールペンはとても書きやすいです。 이 볼펜은 무척 쓰기 편합니다.

▶ この本は読みやすいです。 이 책은 읽기 쉽습니다.

▶ この店の場所は分かりにくかったです。 이 가게의 위치는 알기 어려웠습니다.

▶ 運動をしている人は太りにくいです。 운동을 하는 사람은 살찌기 어렵습니다.

7　**〜のではないでしょうか**

부정문에 의문을 더해 완곡한 긍정의 뜻을 나타내며, 한국어의 '〜지 않겠습니까'에 해당한다. 의미는 「〜と思います」와 비슷하지만 좀 더 부드러운 말투이며, 문장 끝은 내려 읽는다.

▶ アルファベットは分かりにくいので、避けたほうがいいのではないでしょうか。
　알파벳은 이해하기 어려우니 피하는 것이 좋지 않겠습니까.

응용 회화 — Exercise Dialogue

プレゼンテーション
CD2-4

아오야마 기획 서울지사는 KOTTE 제약으로부터 신상품의 기획과 선전을 의뢰 받았습니다. 모리 과장과 이경화 씨가 KOTTE 제약에서 신상품의 네이밍과 디자인에 관해 프리젠테이션을 합니다.

(서울 지사 사무실. 가토 지사장이 박 부장에게 모리 과장과 이경화 씨를 보낸다고 알려줍니다)

朴 KOTTE製薬のプレゼン、だれに行ってもらいましょうか。

加藤 森君と李さんを行かせるつもりです。

(KOTTE제약 회의실에서 모리 과장과 이경화 씨가 프리젠테이션을 합니다)

森 ……言うまでもなく品質は重要ですが、ネーミングとデザインもとても大切です。まず、ネーミングですが、理解しやすいものがいいと考えます。しかも、多くの人に親近感を感じさせるものが理想的です。アルファベットは分かりにくいので、避けたほうがいいのではないでしょうか。

李 では、ネーミングについて具体的に提案させてください。例えば、「나와삼뷰티」はどうでしょう？美容と健康にとてもいいという感じを受けませんか。

森 次に、デザインですが、やはりインパクトのあるものが必要です。そこで、今回、赤と黄色を使った斬新なデザインを考えてみました。今、デザイナーにいくつか試作させています。……

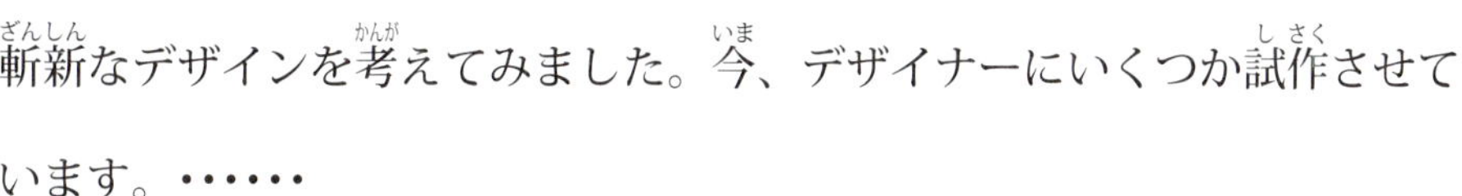

(마지막에 상품 정가에 대해 설명합니다)

森 定価については、少し高いほうがいいと考えます。商品のイメージがぐっとよくなって、消費者が安心して買えると思います。……

1　다음과 같이 밑줄 부분을 바꿔서 연습하세요.

예1　子供が歩きます → 親は子供を歩かせます。

(1) 子供が塾に行きます

(2) 子供が外で遊びます

(3) 兄が日本へ留学します

(4) 妹が休みます

(5) 弟が家に帰ります

(6) 姉が結婚します

예2　学生が本を読みました（先生）→ 先生は学生に本を読ませました。

(1) 娘がスープを温めました（母）

(2) 子供が電気を消します（父）

(3) 森さんがレポートを書きます（課長）

(4) 学生が例文を暗記します（先生）

(5) 社員は新しい企画を考えます（部長）

(6) 息子が車を運転します（母）

2　다음과 같이 사역형을 이용해 문장을 만드세요.

예　「本を読みなさい！」
　　→ 母は妹に　本を読ませました　。

(1) 「日記を書きなさい！」

　　→ 父は子供たちに ＿＿＿＿＿＿＿＿＿＿＿＿＿＿＿＿＿。

(2) 「会議の準備を急げ！」

　　→ 課長は森さんに ＿＿＿＿＿＿＿＿＿＿＿＿＿＿＿＿＿。

(3) 「部屋の掃除を手伝え！」

　　→ 兄は弟に ＿＿＿＿＿＿＿＿＿＿＿＿＿＿＿＿＿＿＿。

(4) 「漢字を覚えなさい！」

　　→ 先生は学生に ＿＿＿＿＿＿＿＿＿＿＿＿＿＿＿＿＿。

3 다음과 같이 밑줄 부분을 바꿔서 연습하세요.

> 예1　気分が悪いです／早退します → 気分が悪いので、早退させてください。

(1) 時間になりました／始めます

(2) 用事があります／明日休みます

(3) 荷物が重いです／ここに置きます

(4) 課長がまだ来ません／ここで待ちます

> 예2　仕事／わたし／やります → その仕事は、ぜひわたしにやらせてください。

(1) 歌／わたし／歌います

(2) 企画／我々／考えます

(3) 会場の案内役／わたしたち／やります

(4) プレゼンテーション／李さんとわたし／担当します

4 다음과 같이 밑줄 부분을 바꿔서 연습하세요.

> 예　この肉はとても柔らかいです／食べます
> → この肉はとても柔らかいので、食べやすいです。
> この肉はちょっと硬いです／食べません
> → この肉はちょっと硬いので、食べにくいです。

(1) この説明書は字が大きいです／分かります

(2) 雪が降っています／道が滑ります

(3) この会社は設備が整っています／働きます

(4) 今は梅雨です／洗濯物が乾きません

(5) このガラスのコップは厚いです／割れません

(6) 日本は物価が高いです／暮らしません

5　맞는 쪽에 ○를 하세요.

> 예　たぶん明日は（ 暇なはず ・ 暇なつもり ）です。

(1) 電話番号を（ 忘れたために ・ 忘れるために ）、連絡できませんでした。

(2) すみませんが、今日（ 休まれて ・ 休ませて ）ください。

(3) 若い人は最近、健康に気を（ つけるように ・ つけることに ）なりました。

(4) 夏は食べ物が（ 腐りやすい ・ 腐りにくい ）ので、気をつけてください。

(5) 急に森さんに（ 休まれた ・ 休ませた ）ので、今日は忙しいです。

6　「～やすい／～にくい」를 적당한 형태로 바꿔서 （　　　）에 넣으세요.

> 예　食べ(やすい)ように、小さく切ってください。

(1) このガラスは割れ（　　　　）ので、安心して使えます。

(2) 日本を外国人が住み（　　　　）国にしましょう。

(3) 雨の日でも、滑り（　　　　）て、はき（　　　　）靴はありませんか。

(4) 道が広くなって、人も車も通り（　　　　）なりました。

(5) この曲はちょっと歌い（　　　　）ですね。もっと歌い（　　　　）のを
教えてください。

청해 연습 Listening Practice

1 CD를 듣고, 내용과 일치하는 것에 ○, 일치하지 않는 것에 ×를 하세요.　CD2-5

| 예 | 男の人は奥さんが入院するので、明日会社を休みます。 | （ ○ ） |

(1) 男の人は空港に両親を見送りに行きました。　（　　）

(2) 男の人は留学に行きたいと言ったために、会社をやめさせられました。（　　）

(3) 男の人がアメリカに行けるかどうか、まだ分かりません。　（　　）

2 CD를 듣고, 내용과 일치하는 것에 ○, 일치하시 않는 것에 ×를 하세요.　CD2-6

| 예 | 今の親は子供に勉強ばかりさせます。 | （ ○ ） |

(1) 今の親は子供に手伝いをよくさせます。　（　　）

(2) わたしは子供の時、母に部屋を掃除させました。　（　　）

(3) 母はわたしによく家の手伝いをさせました。　（　　）

(4) 母はわたしに料理を作らせました。　（　　）

(5) 母は宿題や復習をきちんとさせました。　（　　）

(6) 試験の成績が悪いと、母にしかられました。　（　　）

<ruby>玄関<rt>げんかん</rt></ruby>のところに

だれかいるようです

第44課

CD2-7

기본 문형 신출 어휘　Basic Grammar New Words

- □ げんかん(玄関)　현관
- □ しゃいんりょこう(社員旅行)　사원여행

기본 회화 신출 어휘　Basic Dialogue New Words

- □ ビアガーデン　비어 가든, 정원처럼 만든 맥주집

문법 설명 신출 어휘　Grammar Explanation New Words

- □ エンジン　엔진
- □ ごうかだ(豪華だ)　호화롭다
- □ ぎょうれつ(行列)　행렬
- □ くも(雲)　구름
- □ ばい(倍)　배
- □ ひろがります(広がります) I　퍼집니다
- □ かなり　상당히
- □ こころ(心)　마음

응용 회화 신출 어휘 — Exercise Dialogue New Words

- □ うれゆき(売れ行き)　판매상황
- □ こうちょう(好調)　호조
- □ おかげさまで　덕분에
- □ うりだします(売り出します)Ⅰ　판매를 시작합니다
- □ けっこう　제법
- □ ひょうばん(評判)　평판
- □ うけます(受けます)Ⅱ　(호평을) 받습니다
- □ なんといっても(何と言っても)　뭐니뭐니 해도
- □ ようき(容器)　용기
- □ しゃれますⅡ　멋을 부립니다
- □ じっかんします(実感～)Ⅲ　실감합니다
- □ ぜんこく(全国)　전국
- □ わらい(笑い)　웃음
- □ パワー　파워
- □ ひかえめだ(控えめだ)　적은 듯 하다

문형 연습 신출 어휘 — Grammar Practice New Words

- □ けむり(煙)　연기
- □ どうも　어쩐지
- □ めずらしい(珍しい)　희한하다, 신기하다
- □ のりもの(乗り物)　탈것
- □ ちょうきよほう(長期予報)　장기예보
- □ こくさいかいぎ(国際会議)　국제회의
- □ かいぎじょう(会議場)　회의장
- □ おおがたスーパー(大型～)　대형 슈퍼
- □ ～キログラム　킬로그램(Kg)
- □ あせ(汗)　땀
- □ あせをかきます(汗をかきます)Ⅰ　땀을 흘립니다
- □ みずうみ(湖)　호수
- □ ふかい(深い)　깊다
- □ じそく(時速)　시속
- □ たて(縦)　세로
- □ ～センチ　센티미터(cm)

독해 연습 신출 어휘 — Listening Practice New Words

- □ じょうりく(上陸)　상륙
- □ まぢか(間近)　얼마 남지 않음
- □ けんきゅうじょ(研究所)　연구소
- □ こうひょう(好評)　호평
- □ かん(缶)　캔
- □ やく～(約～)　약~
- □ どうやら　아무래도
- □ たんとうしゃ(担当者)　담당자
- □ こうらいにんじん(高麗人参)　인삼
- □ エキス　엑기스
- □ えいようそ(栄養素)　영양소
- □ バランス　균형
- □ はいごうします(配合～)Ⅲ　배합합니다
- □ ふそくします(不足～)Ⅲ　부족합니다
- □ ほきゅうします(補給～)Ⅲ　보급합니다
- □ ていカロリー(低～)　저칼로리
- □ きにします(気にします)Ⅲ　신경을 씁니다
- □ げんざい(現在)　현재
- □ はんばいします(販売～)Ⅲ　판매합니다
- □ ねんない(年内)　연내
- □ さんにゅう(参入)　진출
- □ けいかくします(計画～)Ⅲ　계획합니다
- □ じしん(自信)　자신
- □ たっぷりだ　가득 차다
- □ はたして(果たして)　과연
- □ いじします(維持～)Ⅲ　유지합니다
- □ かくだいします(拡大～)Ⅲ　확대합니다
- □ しきょく(支局)　지국

CD2-8

1　玄関のところにだれかいるようです。

2　小野さんは森さんが好きみたいです。

3　今度の社員旅行は中国へ行くらしいです。

4　昼ご飯を食べ過ぎました。

기본 회화 Basic Dialogue

CD2-9

A 葉子さんは留学試験に合格したようですよ。

B それはよかったですね。

A 毎日暑いですね。この暑さはいつまで続くんでしょう。

B 天気予報によると、まだまだ続くみたいですよ。

A 新しい遊園地はとても人気があるみたいですね。

B ええ。崔さんたちも来週行くらしいですよ。

A ゆうべ行ったビアガーデンはなかなか

よかったですね。

B ええ。でも、ちょっと飲み過ぎました。

1. 보통형 ようです / 명사 ＋の＋ようです ① [추측]

어떠한 상황이나 정보를 바탕으로 하는 추측을 나타낸다. ナ형용사는 보통형의「だ」를「な」로 바꾸어「～なようです」를 사용한다. 명사는「명사＋の＋ようです」의 형식이 된다.

▶ 玄関のところにだれか**いるようです**。

현관 쪽에 누군가 있는 것 같습니다.

▶ エンジンが**故障したようです**。

엔진이 고장 난 것 같습니다.

▶ 店の前には行列ができています。あの店の料理は**おいしいようです**。

가게 앞에는 행렬이 늘어서 있습니다. 저 가게의 요리는 맛있는 것 같습니다.

▶ 値段はほかの店の倍です。ここの料理はかなり**豪華なようです**。

가격은 다른 가게의 두 배입니다. 이 곳의 요리는 꽤 호화로운 것 같습니다.

▶ 遠くから何か飛んできます。**飛行機のようですね**。

멀리서 무언가가 날아옵니다. 비행기인 것 같네요.

— **そのようですね**。

그런 것 같네요.

2. 보통형 みたいです ① [추측]

「～ようです」와 마찬가지로, 어떠한 상황이나 정보를 바탕으로 하는 추측을 나타낸다. 하지만 격의 없는 표현이므로 회화에서 많이 사용한다. ナ형용사와 명사는「だ」를「みたいです」로 바꾼다.

▶ 小野さんは森さんをよく見ていますね。小野さんは森さんが**好きみたいです**。

오노 씨는 모리 씨를 자꾸 보고 있네요. 오노 씨는 모리 씨를 좋아하는 것 같습니다.

▶ 雨の音が聞こえません。雨が**やんだみたいです**。

빗소리가 들리지 않습니다. 비가 그친 것 같습니다.

▶ 外の人はみんなコートを着ています。外は**寒いみたいです**。

밖에 있는 사람들은 모두 코트를 입고 있습니다. 밖은 추운 것 같습니다.

▶ 雲が広がっています。明日は**雨みたいです**よ。

구름이 퍼지고 있습니다. 내일은 비가 올 것 같아요.

3 보통형 らしいです [추측] [전문]

「〜らしいです」는 관찰한 상황에 따른 추측임을 나타내거나 남에게 들은 정보를 완곡하게 말할 때 사용한다. ナ형용사와 명사는 보통형의 「だ」를 「らしいです」로 바꾼다.

▶ 今度の社員旅行は中国へ行くらしいです。

　　이번 사원여행은 중국으로 갈 것 같습니다.

▶ 李さんは頭が痛いらしいです。

　　이 선생님은 머리가 아픈 것 같습니다.

▶ 林さんはお酒が好きらしいですよ。

　　하야시 씨는 술을 좋아하는 것 같아요.

▶ 電気が消えています。李さんは出かけたらしいです。

　　전깃불이 꺼져 있습니다. 이 선생님은 외출한 것 같습니다.

꼭 알아두세요!!

「〜ようです」「〜らしいです」는 모두 추측을 나타낸다. 제3자의 입장에서 추측한 결론을 객관적으로 서술하는 경우에는 양쪽 다 사용할 수 있지만, 관찰하여 추측한 대상에 직접 말을 하는 경우에는 「〜ようです」만 사용할 수 있다.

▶ (이 선생님의 방 전깃불이 꺼져 있는 것을 보고)
　○ 李さんは出かけたらしいです。

　　이 선생님은 외출한 것 같습니다.

　○ 李さんは出かけたようです。

　　이 선생님은 외출한 것 같습니다.

▶ (심한 기침을 하고 있는 상대를 보고)
　○ 風邪を引いたようですね。

　　감기에 걸린 것 같군요.

　× 風邪を引いたらしいですね。

4　동사 (ます형) / イ형용사 / ナ형용사 | 過ぎます

동작이나 사물의 성질 등이 정상적인 양이나 정도를 넘었다는 것을 나타낸다. イ형용사는 어미 「い」를 「過ぎます」로 바꾸며 ナ형용사는 「だ」를 「過ぎます」로 바꾼다. 「過ぎます」는 Ⅱ그룹과 같은 모양으로 활용한다.

▸ 昼ご飯を食べ過ぎました。 점심밥을 너무 많이 먹었습니다.

▸ このスープは熱過ぎませんか。 이 수프는 너무 뜨겁지 않습니까?

▸ この説明は複雑過ぎます。 이 설명은 너무 복잡합니다.

5　イ형용사 | + さ

「イ형용사 + さ」를 이용하여 형용사를 명사로 만들 수 있다. 어미 「い」를 「さ」로 바꾼다.

▸ この暑さはいつまで続くんでしょう。 이 더위는 언제까지 계속될 것인가요.

▸ 富士山の美しさが心に残っています。 후지산의 아름다움이 마음에 남아 있습니다.

▸ 仕事のおもしろさがやっと分かりました。 일의 재미를 간신히 알게 되었습니다.

> **알아두면 좋아요!!**
>
> ナ형용사에도 「さ」를 붙일 수 있지만 イ형용사처럼 일반적이지는 않다. 예를 들어 「便利さ(편리함)」 「複雑さ(복잡함)」라는 말은 있지만 「きれいさ」 「暇さ」라는 말은 없다.

응용 회화 — Exercise Dialogue

CD2-10

売れ行き

KOTTE 제약의 새로운 스포츠 음료가 발매되었습니다. 매출은 순조로운 듯합니다. 과연 네이밍과 디자인에 대한 반응은 어떨까요. 시장조사와 광고를 하청 받은 아오야마 기획 서울지사에서도 신상품이 화제입니다.

(아오야마 기획 사무실에서 최 과장, 모리 과장, 김지연 비서, 이경화 씨가 이야기하고 있습니다)

崔　森さん、「나와삼뷰티」、売れ行きが好調のようですね。

森　ええ、おかげさまで。とりあえず、ソウルと
プサンで売り出したんですが、けっこう評判が
いいみたいなんですよ。

崔　どの辺が受けたんでしょうか。

森　何と言ってもおいしさですが、容器のデザインも好評らしいです。

金　デザインがしゃれていて、人気があるみたいですね。

李　そうなんです。それに、ネーミングも受けたようです。

金　よかったですね。

李　ええ。ネーミングとデザインの重要さを実感しましたね。

(그리고)

森　評判がいいので、今度は、全国で売り出すようです。

金　売れ行きがどうなるか、楽しみですね。

崔　売れ過ぎて、笑いが止まらなくなるかもしれませんよ。

森　そうだといいんですが…。

李　KOTTE製薬では、もう次の商品の開発を始めているらしいですよ。

崔　すごいパワーですね！

(KOTTE제약이 보내준 음료를 다 같이 마셔봅니다)

金　甘さが控えめで、確かにおいしいですね。

李　それに、健康にもとてもいいらしいですよ。

1　다음과 같이 ( )안의 어구를 「～ようです」의 형태로 바꾸어 연습하세요.

> 예
>
> A：煙が見えますね。
> B：(火事です → 火事のようです)。

(1) A：今朝から頭ものども痛いです。どうも風邪を (引きました → 　　　　　)。

　 B：早く帰って寝たほうがいいですよ。

(2) A：駅前に人が大勢います。何か (ありました → 　　　　)。

　 B：行ってみましょう。

(3) A：みんな (忙しいです → 　　　　)から、また明日来ることにします。

　 B：すみませんが、そうしてください。

(4) A：あそこに韓国語を話している人がいますね。あれは (李さんです → 　　　　)。

　 B：そうですね。呼んでみましょう。

2　다음과 같이 밑줄 부분을 바꿔서 문장을 만드세요.

> 예
>
> 今、コピー機は使えません。 → 今、コピー機は使えないみたいです。

(1) だれでも参加できます。

(2) 王さんは何も食べたくないです。

(3) 今日も昼ご飯はラーメンです。

(4) その話は確かではありません。

3 다음과 같이 (   )안의 어구를 「～らしいです」의 형태로 바꾸어 연습하세요.

> 예
> A：新しい遊園地はおもしろそうですね。
> B：ええ、珍しい乗り物が（ あります → あるらしいです ）。
> A：じゃあ、今度いっしょに行きましょう。

(1) A：部長が入院したそうですね。

　　 B：ええ、かなり（ 無理をしました →　　　　　　　　　 ）。

(2) A：今年の冬は寒くなるのでしょうか。

　　 B：長期予報によると、（ 暖かいです →　　　　　　　 ）。

　　 A：去年は寒かったですからね。

(3) A：国際会議はどこで開かれますか。

　　 B：あそこの（ 会議場です →　　　　　　　　 ）。

　　 A：それなら近くて、いいですね。

(4) A：あの場所に何が建つか知っていますか。

　　 B：ええ、近所の人の話では、（ 大型スーパーです →　　　　　　　　 ）。

　　 A：じゃあ、便利になりますね。

4 다음과 같이 밑줄 부분을 바꿔서 연습하세요.

> 예
> 食べます／3キロ太ってしまいました
> → 食べ過ぎて、3キロ太ってしまいました。
> 内容が難しいです／理解できません → 内容が難し過ぎて、理解できません。

(1) 笑います／おなかが痛くなりました

(2) 熱いです／スープがなかなか飲めません

(3) 辞書の字が小さいです／読めません

(4) 服をたくさん着ます／汗をかいてしまいました

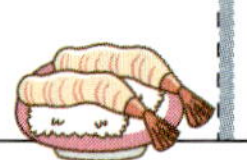

5　다음과 같이 밑줄 부분을 바꿔서 연습하세요.

> 예　東京タワー／高い／３３３メートル
> →東京タワーの高さは３３３メートルです。

(1) スーツケース／重い／１８キログラム

(2) この湖／深い／３６０メートル

(3) のぞみ／速い／時速２６０キロメートル

(4) 荷物／大きい／縦５０センチ、横８０センチ、高さ４０センチ

6　(　　　)안의 어구를 적당한 형태로 바꿔서 대화를 완성하세요.

> 예　A：あっ、あそこに立っているのは(佐藤さん → 佐藤さんの)ようです。
> B：そうですか。でも、佐藤さんはもっと背が高いと思いますが。

(1) A：今年もボーナスは増えないでしょうね。

　　B：いや、それが(増えます →　　　　　)らしいですよ。

(2) A：足が(痛いです →　　　　)そうですね。

　　B：ええ、昨日山で少し(歩きます →　　　　　)過ぎました。

(3) A：コピー機が(新しくなりました →　　　　　)らしいですね。

　　B：ええ、今度のは操作がすごく(簡単です →　　　　　)ようです。

(4) A：誠君はどうしてお母さんに(しかりました →　　　　)んですか。

　　B：勉強しないで毎日漫画ばかり(読んでいました→　　　　　)ようです。

(5) A：泥棒に(入ります→　　　　　)そうですね。大変でしたね。

　　B：ええ、どうも窓を開けたまま(出かけてしまいました→　　　　　)ようです。

(6) A：これはどこで生産されたものですか。

　　B：よく分かりませんが、(日本製 です →　　　　　)ようです。

청해 연습 · Listening Practice

1 CD를 듣고, 이어지는 내용을 아래에서 고르세요. CD2-11

| 예 | 東京タワーの高さは(　　　c　　　)。 |

(1)　　　　　　　　(2)　　　　　　　　(3)　　　　　　　　(4)

a ビールよりラーメンがよく売れるようです　　b ５キログラムです
c ３３３メートルです　　d ビールがよく売れたそうです
e １,５００メートルです

2 CD를 듣고, 내용과 일치하는 것에 ○, 일치하지 않는 것에 ×를 하세요. CD2-12

| 예 | わたしはこの店にあまり行きません。　　（ × ） |

(1) 安いので、たくさん買います。　　　　　　　　　　（　　　）

(2) この店は何でも５０円で買えます。　　　　　　　　（　　　）

(3) 今まで必要な物だけ買いました。　　　　　　　　　（　　　）

(4) これからはよく考えて買います。　　　　　　　　　（　　　）

「나와삼뷰티」 日本上陸間近

今年七月、ソウル市にあるKOTTE製薬から新しいスポーツ飲料が発売された。

「나와삼뷰티」というこのスポーツ飲料は、KOTTE製薬研究所によって開発された。斬新なデザインの容器が若い世代に好評だ。一缶二〇〇ウォン(約一五〇円)で、ほかの飲料より少し高いが、売れ行きは好調らしい。どうやら安さより品質を求める消費者に受けたようだ。

KOTTE製薬担当者によると、高麗人参のエキスなど、美容と健康にいい八種類の栄養素が配合されているので、毎日の食事で不足しやすい栄養素も補給できるそうだ。低カロリーなので、飲みすぎてカロリーを気にする心配もない。

現在は、ソウル、プサンで販売されているが、年内には全国で販売される予定だ。

さらに、来年には日本市場への参入も計画されている。日本でも必ず受けるはずだと、担当者は自信たっぷりだ。

果たして韓国での人気を維持したまま、日本で市場を拡大することができるか。

「나와삼뷰티」の日本上陸は間近だ。

【ソウル支局】

내용과 일치하는 것에는 ○, 일치하지 않는 것에는 ×를 하세요.

1.「나와삼뷰티」はほかの飲料より高いのでよく売れている。　　（　　）

2.「나와삼뷰티」を飲めば、不足したカロリーを取ることができる。　（　　）

3.「나와삼뷰티」は来年から韓国全国で売られる予定だ。　　（　　）

4.KOTTE製薬は来年、日本で「나와삼뷰티」を発売しようと思っている。　　（　　）

5.KOTTE製薬担当者は「나와삼뷰티」は日本でも売れると思っている。　　（　　）

정답 1-×, 2-×, 3-×, 4-○, 5-○

맞장구

일본인은 대화 중에 상대의 눈을 계속해서 쳐다보지 않습니다. 줄곧 보는 것은 실례라는 전통적인 생각이 있기 때문이며 그 대신 맞장구를 자주 칩니다. 맞장구는 원활한 인간관계를 위한 중요 포인트입니다.

말과 말 사이에 거의 간격을 두지 않고 「うん」「はい」「ええ」 등 동감의 맞장구나 「へえ」「ほんと?」 등의 놀라움의 맞장구를 쳐서 자신이 상대의 이야기에 흥미를 가지고 신경 써서 듣고 있다는 것을 표현합니다. 맞장구가 없으면 말하는 사람은 상대가 자신의 이야기에 흥미를 가지지 않는다고 느끼게 됩니다.

하지만 적절한 타이밍에 맞장구를 치는 것이 꽤 어려운 일입니다. 일본어에 익숙한 학습자가 자주 쓰는 「そう、そう」라는 맞장구가 있습니다. 이것은 「そうです」의 보통체 말투로, 가벼운 동의를 나타냅니다. 하지만 「そうです」는 상대가 말하고 있는 것을 이미 알고 있으며 그것에 동의를 나타내는 경우에 사용되기 때문에, 상대가 모르는 것을 말하고 있음에도 불구하고 「そうです」라는 맞장구를 들으면, 당혹감이 들거나 기분이 나빠지는 경우가 생깁니다. 모르는 것에 맞장구를 칠 때에는 「そうですか」「そうなんですか」를 사용합니다. 맞장구를 능숙하게 쳐서 일본어 커뮤니케이션 능력을 높입시다.

少子化が進んで、日本の人口はだんだん減っていくでしょう

CD2-13

기본 문형 신출 어휘   Basic Grammar New Words

- **しょうしか**(少子化)   저출산 현상
- **すすみます**(進みます) I   진행됩니다
- **じんこう**(人口)   인구
- **てがるだ**(手軽だ)   간편하다
- **れいとうしょくひん**(冷凍食品)   냉동식품

문법 설명 신출 어휘   Grammar Explanation New Words

- **かかります** I <かぎが>   〈자물쇠가〉 잠깁니다
- **にます**(似ます) II   닮습니다
- **アクセス**   접근

응용 회화 신출 어휘 — Exercise Dialogue New Words

- ライトアップします Ⅲ　　조명으로 장식합니다
- いぜん(以前)　예전에
- なんか　어쩐지
- きゅうそくだ(急速だ)　급속하다
- まちなみ(町並み)　거리
- かわります(変わります) Ⅰ　변합니다
- ひどい　심하다
- あまやどりします(雨宿り〜) Ⅲ　비를 피합니다

문형 연습 신출 어휘 — Grammar Practice New Words

- こうれいしゃ(高齢者)　고령자
- ちきゅう(地球)　지구
- きつえんしゃ(喫煙者)　흡연자
- どんどん　계속해서, 자꾸자꾸
- ふきゅうします(普及〜) Ⅲ　보급합니다
- りようしゃ(利用者)　이용자
- ねんねん(年々)　해마다, 해가 갈수록
- おんだんか(温暖化)　온난화
- えいきょう(影響)　영향
- へいきん(平均)　평균
- まいとし(毎年)　매년, 해마다
- ねんれい(年齢)　연령
- うりあげ(売り上げ)　매상
- あこがれ　동경
- みがきます(磨きます) Ⅰ　닦습니다
- ますます　더욱 더, 점점 더
- めざましどけい(目覚まし時計)　자명종
- じゃまだ(邪魔だ)　방해가 되다
- おもちゃ　장난감
- とくべつだ(特別だ)　특별하다

청해 연습 신출 어휘 — Listening Practice New Words

- さがります(下がります) Ⅰ　내려갑니다

CD2-14

1　少子化が進んで、日本の人口はだんだん減って
いくでしょう。

2　ずっと本を読んでいたので、目が疲れてきました。

3　おいしいし、手軽だし、わたしは冷凍食品を
よく食べます。

4　この本は読めば読むほどおもしろいです。

기본 회화 Basic Dialogue

CD2-15

A 最近、中国へ旅行に行く日本人が増えてきましたね。

B ええ、ホテルや交通の便がよくなりましたからね。

A お母さん、雨が降ってきたよ。

B あら、大変。誠、洗濯物入れてよ。

A 休みだし、天気もいいし、どこかに出かけませんか。

B いいですね。わたしはハイキングに行きたいです。

A 商品は安ければ安いほど売れるんでしょう？

B いいえ。品質が悪いと、安くても売れません。

1 동사 ていきます / きました [계속] [변화]

앞서 「동사 て형＋いきます / きます」의 공간이동을 나타내는 용법(☞ 제39과 문법 설명 3)을 공부했다. 이번 과에서는 어떠한 시점에서 동작이 계속 되거나, 혹은 성질이나 상태가 변화하는 것을 나타내는 용법을 공부한다.

▶ 少子化が進んで日本の人口はだんだん減っていくでしょう。

저출산 현상이 진행되어 일본의 인구는 점점 줄어가겠지요.

▶ 最近、中国を旅行する日本人が増えてきましたね。

최근 중국을 여행하는 일본인이 많아졌네요.

▶ 20年間ずっと日本語を勉強してきました。

20년간 계속 일본어를 공부해 왔습니다.

▶ これからもずっと日本語を勉強していきます。

앞으로도 계속 일본어를 공부해 나가겠습니다.

2 동사 てきました [출현]

「동사 て형＋きました」에는 어떤 상태가 시작되거나 생겨나는 것을 나타내는 용법이 있다. 「동사 て형」에는 의지가 들어 있지 않은 동사만 올 수 있다.

▶ ずっと本を読んでいたので、目が疲れてきました。

계속 책을 읽고 있었기 때문에 눈이 아파왔습니다.

▶ お母さん、雨が降ってきたよ。

어머니, 비가 내리기 시작했어요.

▶ おなかがすいてきたんですが、そろそろ食事に行きませんか。

배가 고파져 오니 슬슬 식사하러 가지 않겠습니까?

3 ～し、～し、～

여러 개의 사실을 나열하여 서술하는 경우 「～し、～し、～」를 사용한다. 「し」의 앞에는 보통형이나 정중형 모두 사용할 수 있다. 그리고 주어의 「が」는 「も」로 바꾸어 쓰는 경우가 종종 있다.

▶ おいしいし、手軽だし、わたしは冷凍食品をよく食べます。

맛있기도 하고 간편하기도 해서 저는 냉동식품을 자주 먹습니다.

▶ 休みだし、天気もいいし、どこかに出かけませんか。

　　휴일이기도 하고 날씨도 좋으니 어딘가에 외출하지 않겠습니까?

▶ にぎやかだし、高いビルが多いし、なんかお台場に似ていますね。

　　번화하기도 하고 높은 빌딩도 많아서 어쩐지 오다이바를 닮았네요.

▶ 電気も消えているし、かぎもかかっているし、きっと留守ですよ。

　　전깃불도 꺼져 있기도 하고 자물쇠도 잠겨져 있으니 분명 집을 비웠을 거에요.

▶ ここは空気がきれいですし、静かですし、住むのにとてもいい所ですね。

　　여기는 공기가 깨끗하기도 하고 조용하니 살기에 매우 좋은 곳이군요.

> **꼭 알아두세요!!**
>
> 앞서 병렬을 나타내는 「て, で」의 용법(☞제16과 문법 설명1~3)을 공부했다. 「て, で」
> 와 「〜し、〜し、〜」의 차이는 다음의 두 가지이다.
>
> ① 「て, で」를 사용하는 것은 형용사나 명사를 잇는 경우에 한하지만, 「〜し、〜し、〜」
> 　 는 동사를 이을 수도 있다.
>
> ② 「〜し、〜し、〜」는 원인·이유를 서술하는 경우에 주로 쓰인다.

4　동사 / イ형용사 ば 동사 / イ형용사 ほど〜/ ナ형용사 なら ナ형용사 ほど

이 모양으로 어떠한 성질의 정도와 그에 따르는 동작이나 성질이 비례관계가 있음을 나타낸다.

▶ この本は読めば読むほどおもしろいです。 이 책은 읽으면 읽을수록 재미있습니다.

▶ 住めば住むほど海雲台のよさが分かりますよ。 살면 살수록 해운대의 장점을 알 수 있어요.

▶ 商品は安ければ安いほど売れるんでしょう？ 상품은 싸면 쌀수록 잘 팔리지요?

▶ 結婚式のスピーチは短ければ短いほどいいと言われていますね。

　　결혼식에서의 한 마디는 짧으면 짧을수록 좋다고 하더군요.

▶ 子供は元気なら元気なほどいいです。 아이는 건강하면 건강할수록 좋습니다.

5　「で / へ / から / まで / と」＋の

앞서 「に / で / へ / から / まで / と＋は」의 용법(☞제6과 문법 설명6)을 공부했다. 이들
조사의 뒤에는 「は」이외에 「の」를 붙일 수 있다. 단, 조사 「に」는 해당되지 않는다.

▶ 空港から市内までのアクセスがよくなりました。 공항에서 시내까지의 접근이 좋아졌습니다.

▶ これは母へのプレゼントです。 이것은 어머니께 드릴 선물입니다.

　　× これは母にのプレゼントです。

아오야마 기획은 부산에 새롭게 사무소를 내게 되었습니다. 사무소 소장으로 내정 받은 박현숙 부장이 모리 과장과 함께 새로운 사무소를 물색하기 위해 와 있습니다. 2박 3일의 일정입니다. 모리 과장이 부산에 온 것은 이번이 처음입니다.

(그 날 저녁. 박 부장과 모리 과장이 부산역에서 해운대를 향하고 있습니다)

朴　森さん、見えてきましたよ。

　　(앞을 가리키며)あそこがプサンの海雲台です。

森　ライトアップされていますね。

　　うーん、見れば見るほどきれいだなあ。

朴　以前住んでいたことがあるんですが、とても住みやすい所ですよ。

森　朴部長、海雲台に住んでいたんですか。

朴　ええ。本当にいい所です。住めば住むほど、海雲台のよさが分かりますよ。

(해운대 센텀시티에서 택시를 내리고 걷습니다)

森　にぎやかだし、高いビルが多いし、なんかお台場に似ていますね。

朴　海雲台は急速に開発が進んで、町並みが大きく変わってきましたからね。

森　そう言えば、何年か前にAPECが開かれたんですよね。

朴　ええ。空港からのアクセスもいいし、これからもっと変わっていくと思いますよ。

(걸어가는데 갑자기 비가 내리기 시작합니다)

朴　あら、雨が降ってきましたね。

森　ひどくなりそうですね。ちょっと雨宿りしましょうか。

朴　ええ。じゃあ、この喫茶店に入りましょう。人も少ないし、店もきれいだし。

森　そうですね。ところで、おなかがすいてきたんですが…。

朴　そうですか。じゃあ、何か軽く食べていきましょう。

문형 연습　Grammar Practice

1　다음과 같이 밑줄 부분을 바꿔서 연습하세요.

> 예　韓国を旅行する日本人／増えます → 韓国を旅行する日本人が増えてきました。

(1) 高齢者／増えます

(2) 地球の気温／上がります

(3) 都会の空気／汚れます

(4) 起きる時間／早くなります

(5) けが／治ります

(6) 仕事のおもしろさ／分かります

2　다음과 같이 밑줄 부분을 바꿔서 연습하세요.

> 예　少子化が進んで／日本の人口／だんだん減ります
> → 少子化が進んで、日本の人口はだんだん減っていくでしょう。

(1) タバコは体によくないと言われていますから／喫煙者／どんどん減ります

(2) パソコンが普及して／インターネットの利用者／年々増えます

(3) 地球温暖化の影響で／平均気温／毎年高くなります

(4) 若い人がどんどん都会に出てしまうので／村の平均年齢／上がります

(5) 近くに新しい駅ができるので／店の売り上げ／増えます

3　다음과 같이 밑줄 부분을 바꿔서 연습하세요.

> 예　電気も消えています／かぎもかかっています／きっと留守ですよ
> → 電気も消えているし、かぎもかかっているし、きっと留守ですよ。
> おいしいです／手軽です／わたしは冷凍食品をよく食べます
> → おいしいし、手軽だし、わたしは冷凍食品をよく食べます。

(1) 疲れています／時間もありません／どこも行きません

(2) のども痛いです／熱もあります／風邪を引いたようです

(3) 休みです／天気もいいです／山に登りたいです

(4) あのスーパーは商品も多いです／安いです／よく行きます

(5) 李さんはきれいです／仕事もできます／あこがれの女性です

(6) お金もないです／忙しいです／スキーに行くのはやめます

4　다음과 같이 밑줄 부분을 바꿔서 연습하세요.

> 예1　安いです → 安ければ安いほどいいです。

(1) 大きい　　　　　(2) 小さい　　　　　(3) 長い

(4) 強い　　　　　　(5) 早い　　　　　　(6) 広い

> 예2　勉強します／おもしろくなります → 勉強すればするほど、おもしろくなります。

(1) かみます／おいしくなります　　(2) 磨きます／きれいになります

(3) けんかします／仲がよくなります　　(4) 会います／好きになります

5 아래에서 어구를 골라 적당한 형태로 바꿔 (　　　)안에 넣으세요.

예　　李さんに韓国の歌を歌って（ ほしいです ）ね。

(1) お客さんが多いので、お菓子や果物をいつも用意して（　　　　　）。

(2) インターネットを使う人はますます増えて（　　　　　）でしょう。

(3) 目覚まし時計が止まっていたので、寝坊して（　　　　　）。

(4) みんなで森さんの引っ越しを手伝って（　　　　　）ましょう。

(5) よさそうな映画ね。今度見て（　　　　　）よう。

| ほしいです | みます | あげます | おきます | いきます | しまいます |

(6) 入口に大きな箱が置いて（　　　　　）、邪魔です。

(7) その手紙、部長に見て（　　　　　）ほうがいいですよ。

(8) すみません、このいすをあちらへ運んで（　　　　　）か。

(9) お父さん、あのおもちゃ、買って（　　　　　）なあ。

(10) お金がなくなったから、ちょっと銀行に行って（　　　　　）。

| ほしいです | きます | あります | くれます | もらいます |

6 ________에 히라가나 한 글자를 넣어 문장을 완성하세요.

예　　金さん＿の＿日記

今年の夏の暑(1)______は特別だ。プールへ泳ぎ(2)______行った。1時間(3)______
待って入ったのに、人が多く(4)______、あまり泳げなかった。

1　CD를 듣고, 내용에 이어지는 문장을 아래에서 고르세요.　CD2-17

> 예　疲れてきましたね。
> —（　　　d　　　）。

(1)　　　　　(2)　　　　　(3)　　　　　(4)

> a ええ、何か食べましょう　　　b ええ、洗いましょう
> c ええ、薬を飲むのをやめましょう　　d ええ、ちょっと休みましょう
> e ええ、窓を閉めましょう

2　CD를 듣고, 내용과 일치하는 것에 ○, 일치하지 않는 것에 ×를 하세요.　CD2-18

> 예　今日はよく晴れています。　　（　○　）

(1) 今日は金曜日です。　　　　　　　　　　　　（　　　）

(2) 仕事が終わったらカラオケに行きます。　　　（　　　）

(3) 2人は夏休みに山へ行くことにしました。　　（　　　）

일본식 영어

　일본의 외래어 중에는 그 나라에서는 쓰지 않는 일본식 외래어나 원래의 의미와는 달라진 외래어가 많이 있습니다. 그 중에는 주유소를 뜻하는 「ガソリンスタンド(gasoline stand)」라든가 유모차를 뜻하는 「ベビーカー(baby car)」같이 한국에 건너오지 않은 말도 있지만, 이미 우리말 깊숙한 곳까지 흘러 들어와 있는 것들도 의외로 많습니다.

　「ハンドル(핸들)」이나 「バックミラー(백 미러)」를 비롯한 자동차 관련용어, 「フォアボール(포볼)」이나 「スリーバント(쓰리 번트)」와 같은 야구용어 중에도 많이 쓰이고 있고, 일상생활 속에서는 다음과 같은 말을 찾아 볼 수 있습니다.

コンセント(콘센트) → wall outlet(○)

ワイシャツ(와이셔츠) → dress shirt(○)

ゴールデンタイム(골든타임) → prime time(○)

ビニールハウス(비닐하우스) → plastic greenhouse(○)

モーニングコール(모닝콜) → wake up call(○)

コストダウン(코스트다운) → reduce costs(○)

サイダー(사이다) → soda pop(○)

タレント(탤런트) → entertainer(○)

　하기는 ballpoint pen보다는 「볼펜(ボールペン)」이, office worker보다는 「샐러리맨(サラリーマン)」이, pantyhose보다는 「팬티스타킹(パンティーストッキング)」 쪽이 이해하기도 쉽고 느낌도 와 닿습니다. 그래서 일본에서는 요즘도 「스트레이트 파마(ストレートパーマ)」, 「프리 사이즈(フリーサイズ)」, 「원룸 맨션(ワンルームマンション)」, 「실버 산업(シルバー産業)」 등의 단어들이 계속 만들어지고 있고, 한국어에도 자연스럽게 흘러 들어오고 있습니다. 사실은 우리 한국인도 꽤 오래 전부터 일본인들이 모르는 한국식 영어를 써왔습니다. Go Dutch라고 해야 옳을 말을 「더치 페이」라고 하고, 과음하여 토하는 것을 「오바이트」, window shopping을 「아이 쇼핑」이라고 쓰지만, 일본인들은 무슨 말을 하는지 알 수 없습니다.

　근래에 와서도 sweat suit를 「추리닝」, cell phone을 「핸드폰」이라고 부르는 등, 한국식 영어가 계속 만들어지고 있습니다. 이들은 모두 영어로는 통하지 않지만, 이미 시민권을 획득한 일본어, 한국어가 되었습니다.

これは柔(やわ)らかくて、まるで本物(ほんもの)の毛皮(けがわ)のようです

CD2-19

기본 문형 신출 어휘 — Basic Grammar New Words

- まるで　마치
- ほんもの(本物)　진짜
- けがわ(毛皮)　모피
- いかにも　정말로
- がら(柄)　무늬

기본 회화 신출 어휘 — Basic Dialogue New Words

- レモン　레몬
- うちゅうひこうし(宇宙飛行士)　우주비행사
- はっそうします(発送〜)Ⅲ　발송합니다
- すえ(末)　말
- オートバイ　오토바이

문법 설명 신출 어휘 — Grammar Explanation New Words

- できごと(出来事)　사건
- そら(空)　하늘
- このごろ　요즘
- はじめ(初め)　초

□ **かいせつ**(開設)　개설

□ **すませます**(済ませます)Ⅱ　끝마칩니다

□ **におい**　냄새

□ **ぎゅうにゅう**(牛乳)　우유

□ **みそしる**(みそ汁)　된장국

□ **ずつう**(頭痛)　두통

□ **さむけ**(寒気)　한기, 오한

□ **はきけ**(吐き気)　구역질

응용 회화 신출 어휘　　Exercise Dialogue New Words

□ **〜さがし**(〜探し)　~찾기

□ **こうほち**(候補地)　후보지

□ **おしゃれだ**　멋있다

문형 연습 신출 어휘　　Grammar Practice New Words

□ **いけん**(意見)　의견

□ **わかもの**(若者)　젊은이

□ **ふんいき**(雰囲気)　분위기

□ **[お]まつり**([お]祭り)　축제

□ **おすもうさん**(お相撲さん)　스모선수

□ **モデル**　모델

□ **こうすい**(香水)　향수

□ **すっぱい**(酸っぱい)　시다

□ **せっけん**　비누

□ **さわやかだ**　산뜻하다, 상쾌하다

□ **ラン**　난초

□ **かれます**(枯れます)Ⅱ　시듭니다

□ **かじ**(家事)　집안일

□ **とります**(取ります)Ⅰ＜メモを＞
　　　　　　　　　　　〈메모를〉 합니다

□ **アパート**　2~3층 정도의 (임대) 연립주택

□ **めんせつ**(面接)　면접

□ **きんちょうします**(緊張〜)Ⅲ　긴장합니다

□ **もどります**(戻ります)Ⅰ　돌아갑니다

청해 연습 신출 어휘　　Listening Practice New Words

□ **のばします**(延ばします)Ⅰ　연장합니다

□ **プラン**　계획

CD2-20

1　これは柔らかくて、まるで本物の毛皮のようです。

2　この着物はいかにも日本らしい柄ですね。

3　明日の9時までにこの書類を完成させなければ

なりません。

4　わたしが留学している間に、家の周りもずいぶん

変わりました。

기본 회화　Basic Dialogue

CD2-21

A　この野菜、レモンのような味がしますね。

B　ええ、本当に。まるで果物みたいですね。

A　うちの子供は将来、宇宙飛行士になりたいんだって。

B　いかにも子供らしい夢ね。

A　この書類、いつ発送しますか。

B　そうですね。今月の末までに届くように出して

　　ください。

A　オートバイを買うそうだね。高いだろう。

B　うん、学校が休みの間、

　　アルバイトをするつもりなんだ。

1   명사＋の / 동사 (보통형) ようです ② [비유]

    명사 / 동사 (보통형) みたいです ② [비유]

앞서 추측을 나타내는 「～ようです」「～みたいです」(☞제44과 문법 설명1, 2)를 공부했다. 추측 이외에도 이 두 가지의 형식은 비유를 나타내는 경우에도 사용할 수 있다. 비유를 나타낼 때에는 부사 「まるで」와 함께 쓰이는 경우가 많다.

▶ これは柔らかくてまるで本物の毛皮のようです。

   이 것은 부드러워서 마치 진짜 모피 같습니다.

▶ まるでヨーロッパの町並みを見ているようですね。

   마치 유럽의 거리를 보고 있는 듯 하네요.

▶ この野菜、まるで果物みたいですね。

   이 채소는 마치 과일 같네요.

문장의 끝에 쓰이기도 하지만, 「～ような / みたいな＋명사」 혹은 「～ように / みたいに＋동사/형용사」의 형식으로 명사나 동사, 형용사를 수식하는 경우도 종종 있다.

▶ まるでテレビのドラマのような出来事ですね。

   마치 텔레비전 드라마와 같은 사건이네요.

▶ 鳥のように空を飛んでみたいなあ。

   새처럼 하늘을 날아 봤으면….

▶ 先生みたいに上手に日本語が話せるようになりたいです。

   선생님처럼 능숙하게 일본어를 할 수 있게 되고 싶습니다.

2   명사1 ＋らしい＋ 명사2 [전형적인 성질]

앞서 추측을 나타내는 「～らしい」(☞제44과 문법 설명3)를 공부했다. 「～らしい」에는 「명사1」의 뒤에 붙어서 「명사2」가 「명사1」의 전형적인 성질을 가지고 있다는 것을 나타내는 경우에도 사용할 수 있다. 이 경우 부사 「いかにも」와 함께 쓰이는 경우가 많다.

▶ この着物はいかにも日本らしい柄ですね。 이 기모노는 정말로 일본다운 무늬네요.

▶ 今日は春らしい天気です。 오늘은 봄다운 날씨입니다.

▶ 南浦洞はいかにもプサンらしい所ですよ。 남포동은 정말로 부산다운 동네예요.

「명사1」과 「명사2」가 같은 단어인 경우, '말 그대로의' '~에 상당하는'의 의미가 된다.

▶ **仕事らしい仕事**はしたことがありません。

일다운 일은 한 적이 없습니다.

▶ このごろ忙しくて、**食事らしい食事**をしていません。

요즈음 바빠서 식사다운 식사를 하고 있지 않습니다.

3 명사[시간] までに

「시간＋まで」는 동작이 계속되는 시점을 나타낸다. 예를 들어 「3時までレポートを書きます」는 3시까지 계속해서 리포트를 쓴다는 것을 의미한다. 「시간＋までに」는 어떤 행동이나 사건의 기한을 나타낸다. 예를 들어 「3時までにレポートを書きます」는 리포트를 다 써야 하는 마감 시간이 3시임을 의미한다. 한국어에는 「まで」 「までに」의 구별이 없으므로 주의해야 한다.

▶ 明日の9時までにこの書類を完成させなければなりません。

내일 9시까지 이 서류를 완성시키지 않으면 안 됩니다.

▶ 今月の末までに、新しい家を見つけたいです。

이달 말까지 새 집을 찾아내고 싶습니다.

▶ 来月の初めまでには事務所開設の準備を済ませたいです。

다음 달 초까지는 사무소 개설 준비를 끝마치고 싶습니다.

4 명사＋の / 동사 (보통형) ＋間 / 間に

「～間」는 어떤 동작이나 상태가 계속되는 기간을 나타낸다. 예를 들어 「学校が休みの間、アルバイトをします」는 아르바이트를 계속하는 기간을 의미한다. 「～間」는 부사 「ずっと」와 함께 쓰이는 경우가 많다.

「～間に」는 어떤 동작이나 상태가 발생했다든지 완성된 시점의 범위를 나타낸다. 예를 들어 「学校が休みの間に、アルバイトをします」는 「アルバイト(아르바이트)」라는 행동이 방학 중에 발생했다는 것을 의미한다.

▶ 学校が休みの間、アルバイトをするつもりなんだ。

학교 방학 동안 아르바이트를 할 생각이야.

▶ 部屋の中を見ている間、ずっと外で車の音がしていましたよ。

방 안을 보고 있는 동안 밖에서 자동차 소리가 계속 나고 있었어요.

▶ わたしが留学している間に、家の周りもずいぶん変わりました。

제가 유학을 가 있는 동안에 집 주변도 꽤 변했습니다.

▶ 子供が寝ている間に、部屋を掃除しました。

아이가 자고 있는 동안에 방을 청소했습니다.

5 味/においがします

어떤 맛이나 냄새를 느꼈다는 것을 나타내는 경우「味/においがします」라는 표현을 쓴다.

▶ この牛乳、変な味がするけど、いつ買ったの？

이 우유, 이상한 맛이 나는데, 언제 샀어?

▶ この野菜、レモンのような味がしますね。

이 채소, 레몬 같은 맛이 나네요.

▶ このスープは、日本のみそ汁のようなにおいがします。

이 수프는 일본의 된장국 같은 냄새가 납니다.

「味/におい」이외에도「声/音」와 같은 청각이나「感じ」와 같은 감각 등도「声/音/感じがします」와 같은 형식으로 사용할 수 있다.

▶ 外で子供の声がします。밖에서 아이 소리가 들립니다.

▶ 外でずっと車の音がしていましたよ。밖에서 자동차 소리가 계속 나고 있어요.

▶ ここには昔来たことがある感じがします。여기에는 예전에 온 적이 있는 느낌이 듭니다.

꼭 알아두세요!!

여기에서의「〜します」는「×においが出ます」처럼「〜出ます」의 형식이 될 수는 없다.

알아두면 좋아요!!

그리고「頭痛がします」「寒気がします」처럼 몸 상태를 나타내는 표현을「〜がします」앞에 붙일 수 있다.

▶ さっきから、ちょっと吐き気がするんです。방금 전부터 구역질이 좀 나요.

응용 회화 — Exercise Dialogue

事務所探し
（じ む しょ さが）

박 부장과 모리 과장은 오늘 중으로 부산 사무소 후보지를 찾아야 합니다. 아침 일찍 호텔을 나선 두 사람은 부동산 업자의 안내로 차례차례 매물을 보면서 다닙니다. 처음으로 부산에 온 모리 과장은 가고 싶은 곳이 많은 듯 합니다.

（박 부장과 모리 과장이 아침부터 부동산 매물을 찾고 있습니다）

森　朴部長、今日中に事務所の候補地を探すんですよね。

朴　ええ。来月の初めまでには、開設の準備を済ませたいので。

（두 사람이 직접 부동산 매물을 보며）

森　ここ、いいんじゃないですか？

朴　うーん、でも、なんだか教室みたいな所ですね。

森　広くて、明るくて、交通の便もいいし、
　　働きやすいと思いますよ。

朴　さっきのはもっと広かったんじゃないですか？

森　でも、ちょっとうるさかったですね。部屋の中を見ている間、外でずっと
　　車の音がしていましたよ。

朴　そうですねえ…。（잠시 생각하고）じゃあ、ここにしましょうか。

（숙소로 가기 전에 두 사람이 달맞이고개를 걸어봅니다）

朴　この辺は「タルマジコゲ」と言って、おしゃれな店が多いんです。

森　ここが「タルマジコゲ」ですか。まるで横浜のようですね。プサンにいる間に、
　　一度は来たいと思っていたんです。

（서울로 돌아가는 날, 오전）

森　出発までに時間がありますよね。どこかちょっと寄りませんか。

朴　じゃあ、南浦洞へ行きましょう。いかにもプサンらしい所ですよ。

1　다음과 같이 밑줄 부분을 바꿔서 연습하세요.

예1　毛皮 → A : まるで本物の毛皮のようですね。
　　　　　　 B : ええ、本当に。

(1) 花　　(2) 犬　　(3) 果物　　(4) 雪　　(5) 警官

예2　あの着物／日本／柄 → あの着物、いかにも日本らしい柄ですね。

(1) このセーター／春／色　　　　　　(2) この曲／沖縄／明るさ

(3) その意見／若者／考え方　　　　　(4) このあたり／京都／雰囲気

예3　今日は暖かいです／春
　　　→ A : 今日は暖かいですね。
　　　　　 B : そうですね。まるで春みたいです。

(1) 今日はにぎやかです／お祭り　　　(2) 大きな体です／お相撲さん

(3) あの先生はきれいです／モデル　　(4) 目が大きくてかわいいです／人形

(5) すてきな町です／映画に出てくる町　(6) 今年は秋が早いです／夏がなかった

2　다음과 같이 밑줄 부분을 바꿔서 연습하세요.

예　野菜／味／苦い／薬のような味
　　→ A : この野菜はどんな味ですか。
　　　　 B : ちょっと苦くて、薬のような味がします。

(1) スープ／味／辛い／カレーのような味

(2) 香水／におい／甘い／バラのようなにおい

(3) お菓子／味／酸っぱい／レモンのような味

(4) せっけん／におい／さわやか／ランのようなにおい

3 다음과 같이 밑줄 부분을 바꿔서 연습하세요.

> 예1　テレビを見ています／寝てしまいました
> →テレビを見ている間に、寝てしまいました。

(1) 入院しています／庭の花が枯れてしまいました

(2) 子供が寝ています／家事をしてしまいます

(3) 日本にいます／いろいろな所を旅行したいと思っています

(4) しばらく見ません／ずいぶん大きくなりましたね

> 예2　電話をしています／ずっとメモを取っていました
> →電話をしている間、ずっとメモを取っていました。

(1) 家を建てています／小さいアパートを借りるつもりです

(2) 面接を受けています／ずっと緊張していました

(3) 電車に乗っています／ずっと雨が降り続いていました

4 아래에서 가장 적당한 어구를 골라 (　　　　)에 넣으세요.

> 예　予定より(ずっと)早く着きましたね。

(1) 来月の会議に間に合うように、(　　　　　　　)準備を始めます。

(2) わたしの恋人は(　　　　　　)女優のように美しいです。

(3) (　　　　　　)5時までに戻ってきてください。

(4) (　　　　　　)作ったのに、だれも食べてくれませんでした。

(5) この絵は(　　　　　　)子供らしい夢をかいていますね。

> ずっと　　まるで　　いかにも　　早速　　せっかく　　絶対に

5　다음 중 밑줄 친 부분의 용법이 다른 하나를 고르세요.

> 예
> ① 遅れない<u>ように</u>、早く家を出ました。
> ② 駅前で火事があった<u>よう</u>です。
> ③ 遠くから読める<u>ように</u>、大きな字で書きました。　　　　（　②　）

(1) ① 電車が遅れた<u>ため</u>に、遅刻してしまいました。

　　② 日本へ留学する<u>ため</u>に、お金をためています。

　　③ 工事の<u>ため</u>に、道が込んでいます。　　　　　　　　　（　　　）

(2) ① あの声は田中さんの<u>よう</u>ですね。

　　② 本物の鳥の<u>よう</u>ですね。

　　③ レモンの<u>よう</u>な味ですね。　　　　　　　　　　　　　（　　　）

(3) ① いかにも日本人<u>らしい</u>考え方ですね。

　　② 今度来る社長はアメリカ人<u>らしい</u>ですよ。

　　③ 南浦洞はとてもプサン<u>らしい</u>感じがする所ですよ。　　（　　　）

(4) ① 電源を入れた<u>のに</u>、動きません。

　　② 買ったばかりな<u>のに</u>、もう壊れてしまいました。

　　③ これは自動車を修理する<u>のに</u>使います。　　　　　　　（　　　）

청해 연습   Listening Practice

1   CD를 듣고, 질문에 답하세요.

CD2-23

예   いつまでに仕事をしないといけませんか。— 金曜日です。

(1) 何時までに会場へ行かないといけませんか。

(2) 何時までにホテルに戻らないといけませんか。

(3) 何日までにお金を返さないといけませんか。

(4) 何曜日までにプランを決めないといけませんか。

(5) 何月までにビルを完成させないといけませんか。

林先生は明日 日本へ行かれます

イムせんせい *あした* *にほん* *い*

CD2-24

기본 문형 신출 어휘 　　　　　　　　　Basic Grammar New Words

- **～さま**(～様)　~님
- **めしあがります**(召し上がります) I 　드십니다

기본 회화 신출 어휘 　　　　　　　　　Basic Dialogue New Words

- **ごらんになります**(ご覧になります) I 　보십니다
- **エスカレーター**　에스컬레이터
- **おっしゃいます** I 　말씀하십니다
- **さきほど**(先ほど)　조금 전에
- **いらっしゃいます** I 　계십니다, 오십니다, 가십니다

문법 설명 신출 어휘 Grammar Explanation New Words

- **すみます**(済みます) Ⅰ　마칩니다
- **にってい**(日程)　일정
- **おいでになります** Ⅰ　계십니다, 오십니다, 가십니다
- **なさいます** Ⅰ　하십니다
- **くださいます** Ⅰ　주십니다
- **ごぞんじです**(ご存じです)　아십니다
- **チェックインします** Ⅲ　체크인합니다

응용 회화 신출 어휘 Exercise Dialogue New Words

- **したみ**(下見)　예비 조사
- **ちょっこうします**(直行〜) Ⅲ　직행합니다
- **びん**(便)　항공편

문형 연습 신출 어휘 Grammar Practice New Words

- **ろんぶん**(論文)　논문
- **せんじつ**(先日)　일전
- **まちあいしつ**(待合室)　대합실

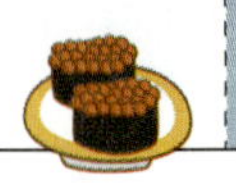

CD2-25

1 林先生は明日日本へ行かれます。

2 お客様はもうお帰りになりました。

3 どうぞお座りください。

4 先生、何を召し上がりますか。

기본 회화 　Basic Dialogue

CD2-26

A　お土産はもう買われましたか。

B　はい、買いました。

A　もうその資料をご覧になりましたか。

B　いえ、まだです。忙しくて読む暇がありませんでした。

A　あのう、靴売り場は何階ですか。

B　4階です。エスカレーターをご利用ください。

A　小野さん、木村部長、何時に戻るって

　　おっしゃいましたか。

B　木村部長ですか。先ほど戻って

　　いらっしゃいましたよ。

1 경어

경어는 대화 중 화제가 되고 있는 인물이나 듣는 사람에 대해 경의를 나타내기 위해 사용한다. 현대 일본어의 경어는 크게 분류하자면 아래의 세 종류가 있다.

① 존경어 : 대화 속의 인물, 상대방, 상대방과 관계 있는 사람을 높임으로써 경의를 나타낸다.

② 겸양어 : 말하는 사람이나 그와 관계 있는 사람을 낮춤으로써 경의를 나타낸다.

③ 정중어 :「～です」「～ます」등의 정중한 화법을 사용함으로써 상대방에 대한 경의를 나타낸다.

2 존경어

존경어는 상대방이 윗사람인 경우에 사용하며, 윗사람이라도 친한 관계인 경우에는 보통 경어를 사용하지 않는다. 일본어에서는 남에게 자신의 가족에 관해 말할 때 경어를 쓰지 않으며, 외부 사람과 대화 도중 자신의 회사 상사를 언급할 때에도 경어를 쓰지 않는다. 반대로 상대방이 윗사람이 아니라도 친한 관계가 아닌 경우에는 경어를 사용한다.

3 동사 (ら)れます

동사의 수동형(☞제41과 문법 설명 1)은 존경어가 되기도 한다.

▶ 林先生は日本へ行かれます。

임 선생님은 일본에 가십니다.

▶ 今朝何時に起きられましたか。

오늘 아침 몇 시에 일어나셨습니까?

▶ 部長は毎朝公園を散歩されるそうです。

부장님은 매일 아침 공원을 산책하신다고 합니다.

| 4 | お＋ 동사 (ます형) になります |

존경어의 하나로,「お＋동사의 ます형＋になります」의 형식이 있다.「見ます」「寝ます」
등,「ます형」이 1음절인 동사나 Ⅲ그룹 동사는 이런 형식을 만들 수 없다.

▶ お客様はもうお帰りになりました。

　　손님은 이미 돌아가셨습니다.

▶ お食事はもうお済みになりましたか。

　　식사는 벌써 마치셨습니까?

▶ 旅行の日程はもうお決めになりましたか。

　　여행 일정은 벌써 결정 하셨습니까?

| 5 | お＋ 동사 (ます형) ください / ご＋ Ⅲ그룹 동사의 한자부분 ください |

상대방의 이익이 되는 것이나 공공의 이익이 되는 것에 관해 상대방에게 권하는 경우「お＋
Ⅰ그룹/Ⅱ그룹 동사의 ます형＋ください」「ご＋Ⅲ그룹 동사의 한자부분＋ください」의
형식을 사용한다.「ます형」이 1음절인 동사나 Ⅲ그룹 동사「来ます」「します」는 이런 형
식을 만들 수 없다.

			ます形		お ～ ください
Ⅰ그룹	歩きます		あるき	→	お歩きください
Ⅱ그룹	食べます		たべ	→	お食べください

			한자부분		ご ～ ください
Ⅲ그룹	紹介します		しょうかい	→	ご紹介ください

▶ どうぞお座りください。 모쪼록 착석해 주십시오.

▶ エスカレーターをご利用ください。 에스컬레이터를 이용해 주십시오.

▶ こちらのドアからお入りください。 이 문으로 들어가 주십시오.

6 존경어의 특수형

한국어의 '먹다 → 잡수시다, 있다 → 계시다'의 관계처럼 일본어에도 존경의 의미를 나타내는 특수한 동사가 있다. 이 특수형 동사와 「お〜になります」의 모양의 동사는 비교적 깊은 존경을 나타내며 「〜(ら)れます」는 비교적 가벼운 존경을 나타낸다.

		존경어	존경어 (사전형)
見ます	→	ご覧になります	ご覧になる
食べます	→	召し上がります	召し上がる
飲みます			
行きます	→	いらっしゃいます おいでになります	いらっしゃる おいでになる
来ます			
います			
します	→	なさいます	なさる
言います	→	おっしゃいます	おっしゃる
くれます	→	くださいます	くださる
知っています	→	ご存じです	ご存じだ
〜ています	→	〜ていらっしゃいます	〜ていらっしゃる
〜てくれます	→	〜てくださいます	〜てくださる

▶ 先生、何を**召し上がります**か。 선생님 무엇을 잡수시겠어요?

▶ もう、その資料を**ご覧になりました**か。 벌써 그 자료를 보셨습니까?

▶ 小野さん、木村部長、何時に戻るって**おっしゃいました**か。

오노 씨, 기무라 부장님께서 몇 시에 돌아오실지 말씀하셨습니까?

— 部長は先ほど戻っ**ていらっしゃいました**よ。

부장님은 조금 전에 돌아오셨어요.

▶ まず、ホテルにチェックイン**なさいます**か。

우선, 호텔에 체크인을 하시겠습니까?

꼭 알아두세요!!

「〜ていらっしゃいます」는 「〜ています」의 존경어로서 뿐만 아니라, 「〜ていきます」「〜てきます」의 존경어로써도 사용된다.

7 동사 이외의 존경 표현

동사 이외에 명사나 형용사도 어두에 「お」나 「ご」를 붙여 존경 표현을 할 수 있다. 대부분의 경우, 일본 고유어 앞에는 「お」를, 한자어 앞에는 「ご」를 붙인다.

명사	お食事（しょくじ） お手紙（てがみ）	お荷物（にもつ） お客様（きゃくさま）	ご利用（りょう） ご家族（かぞく）
형용사	お忙しい（いそが） お若い（わか）	お元気だ（げんき） お暇だ（ひま）	ご親切だ（しんせつ）

▶ 家（いえ）を建（た）てられたそうですね。**お若（わか）いのに、立派（りっぱ）ですね。**

집을 지으셨다고 하네요. 젊으신데도 훌륭하시네요.

▶ ご両親（りょうしん）は**お元気（げんき）**ですか。 부모님께서는 안녕하십니까?

8 ～じゃないか

의미는 「ね」에 가깝지만 보다 강한 어감이며, 주로 남성이 아래 사람에게 사용한다. 하강조로 내려서 읽는다.

▶ あっ、そう。なかなかいい**じゃないか**。 아, 그래! 상당히 좋지 않은가.
▶ この企画（きかく）はなかなかおもしろい**じゃないか**。 이 기획은 꽤 흥미롭지 않은가.

CD2-27

社長の下見

부산사무소의 예비 조사를 위해 도쿄 본사의 사장님이 부산을 방문합니다. 서울 지사의 가토 지사장과 모리 과장도 부산에 왔습니다. 부산사무소의 장소를 찾아 낸 당사자인 박 부장은 중요한 거래가 있어서 서울을 떠날 수 없습니다.

(공항에서 가토 지사장과 모리 과장이 도착한 사장님을 마중하고 택시 정류장으로 모십니다)

加藤　お食事はもうお済みになりましたか。

社長　うん、飛行機の中で食べてきたよ。

加藤　では、まずホテルにチェックインなさいますか。それとも、先に事務所を

ご覧になりますか。

社長　そうだな。事務所へ直行しようか。早く見てみたいからな。

(부산 사무실로 도착해서)

森　こちらのドアからお入りください。

(안에 들어가보니 정면 벽에 큰 그림이 걸려 있습니다)

社長　広くて明るいね。

(그림을 알아보고)あの絵は？

加藤　ああ、あれは角紅商事の社長がくださった絵です。

社長　あっ、そう。なかなかいいじゃないか。

加藤　はい。ところで、社長がおっしゃっていたスタッフの件ですが、

李さんにプサンに来てもらおうと思うんですが…。

(그 날 밤 모리 과장이 서울에 있는 박 부장과 통화를 합니다)

森　いい事務所だって、社長がほめていらっしゃいましたよ。

朴　そうですか。よかったです。気に入ってくださって。それで、社長は

こちらにもお寄りになるのかしら？

森　いいえ、そちらへは寄らずに、明日の朝の便で、東京に戻られる予定です。

문형 연습 Grammar Practice

1 다음과 같이 「先生は」로 시작하는 문장으로 바꿔서 연습하세요.

> 예 ここを8時ごろ出る予定です。→ 先生はここを8時ごろ出られる予定です。

(1) 6時の新幹線で帰るそうです。

(2) ちょうど来たところです。

(3) 新しい論文を書くでしょう。

(4) 会議であいさつすることになりました。

(5) 明日の便で東京に戻る予定です。

(6) 午後から会議室を使うと思います。

2 다음과 같이 「お～になります」를 이용해 연습하세요.

> 예 金さんに会いましたか。→ 金さんにお会いになりましたか。

(1) この問題をどう考えますか。

(2) 東京ではどこに泊まりますか。

(3) 何時ごろ仁川空港に着きますか。

(4) コピーは急ぎますか。

(5) 昨日は何時に帰りましたか。

(6) 先日の出張、疲れませんでしたか。

3 다음과 같이 밑줄 부분을 바꿔서 연습하세요.

> 예 気をつけて歩いてください。→ 気をつけてお歩きください。
> 階段を利用してください。→ 階段をご利用ください。

(1) 少し待ってください。

(2) タバコは遠慮してください。

(3) こちらから入ってください。

(4) 荷物はロッカーに預けてください。

(5) 午前中に連絡してください。

(6) ここに名前と住所を書いてください。

4　다음과 같이 밑줄 부분을 바꿔서 연습하세요.

> 예　洪教授はよくお寿司を<u>食べます</u> → 洪教授はよくお寿司を<u>召し上がります</u>。

(1) 社長は毎朝9時に事務所に<u>来ます</u>。　(2) 先生はお酒を<u>飲みません</u>。

(3) 先生がお土産を<u>くれました</u>。　(4) 李さんはゴルフを<u>しません</u>。

(5) 部長は何を<u>していますか</u>。　(6) 金さんが案内<u>してくれました</u>。

(7) 課長はあちらで本を<u>読んでいます</u>。　(8) 先生は「体に気をつけて」と<u>言いました</u>。

5　아래에서 적당한 어구를 골라 존경의 형태로 바꿔서 (　　　)에 넣으세요.

> 예　部長は明日2時からの会議に（出られ ます）。

(1) 昨日、洪教授がわたしに本を（　　　　　）。

(2) 朴さんは毎朝運動を（　　　　　）か。

(3) 部長は10時に東京を出発して、さっき名古屋に（　　　　　）そうです。

(4) 中田先生は明日こちらに（　　　　　）ことになっています。

(5) 社長、12時です。お昼は何を（　　　　　）か。

> <s>出ます</s>　　します　　くれます　　着きます　　食べます　　来ます

6 아래에서 적당한 어구를 골라 존경의 형태로 바꿔서 (   )에 넣으세요.

> 예　待合室は禁煙ですので、おタバコは(ご遠慮)ください。

(1) チケットを持っている方はこちらの入口から(   )ください。

(2) ボールペンを持っていない方は、これで(   )ください。

(3) 間もなく出発します。こちらに(   )ください。

(4) 来週会社の運動会が行われます。皆さん、ぜひ(   )ください。

(5) エレベーターが故障しているので、階段を(   )ください。

> 遠慮します　　集まります　　利用します　　参加します　　入ります　　書きます

7 질문에 대한 답변을 참고하면서 (   )안에 적당한 어구를 넣어 질문을 완성하세요.

> 예　(どこで)テニスを(なさいます)か。—近くのスポーツセンターでします。

(1) (   )あちらに(   )か。—8時に行きました。

(2) (   )番組を(   )か。—日本のニュースやスポーツを見ます。

(3) 東京ではどなたに(   )か。— 金さんに会います。

(4) (   )日本語を(   )か。—3年ぐらい勉強しました。

(5) (   )会社に(   )か。— 地下鉄で来ます。

1 CD를 듣고, 이어지는 내용을 아래에서 고르세요.　CD2-28

> 예　A：いつこちらにいらっしゃいますか。
> 　　B：(　　　b　　　)。

(1)　　　　　　　(2)　　　　　　　(3)　　　　　　　(4)

(5)　　　　　　　(6)　　　　　　　(7)

> a ヨーロッパに行きます　　b 15日に来ます　　c ビールにします
> d 地下鉄で来ました　　e テニスをします　　f 教師をしています
> g おととい見ました　　h 寿司を食べました

2 CD를 듣고, 내용과 일치하는 것에 ○, 일치하지 않는 것에 ×를 하세요.　CD2-29

> 예　わたしは日本の大学で日本語を勉強しました。　　（ × ）

(1) 中田先生は今、プサンの大学の先生です。　　　　（　　　）

(2) 中田先生は日本の大学で教えています。　　　　　（　　　）

(3) わたしは中田先生に電話をかけました。　　　　　（　　　）

(4) 中田先生は3月に韓国に来ます。　　　　　　　　（　　　）

계절에 따른 문안 인사

문안 인사에는 여러 가지가 있으며, 설날에 보내는 연하장과 여름에 보내는 무더위 문안 인사는 일본의 대표적인 문안 인사입니다.

일본에서는 양력 설을 쇠며, 1월 1일부터 새해가 시작되므로 많은 사람들이 새해 문안 인사로서 연하장을 보내게 됩니다. 새해가 시작되는 설날에 연하장이 도착할 수 있도록 전 해부터 준비를 해서 부칩니다. 일단 보내어진 연하장은 연내에는 배달되지 않고, 우체국에 보관되었다가 설날에 한꺼번에 배달됩니다. 연하장에는 '세뱃돈이 포함된 연하장'이라는 복권 형식의 엽서가 많이 쓰입니다. 복권은 1월 중순 경에 추첨을 하며 당첨자에게는 다양한 선물이 주어집니다.

한편, 여름에는 '무더위 문안'을 보냅니다. 소서(7월 7일 경)에서 입추(8월7일 경)에 걸쳐 문안 인사를 보내며, 입추가 지난 경우에는 '늦더위 문안'을 보내게 됩니다.

第**48**課

<ruby>荷<rt>に</rt></ruby><ruby>物<rt>もつ</rt></ruby>は <ruby>私<rt>わたくし</rt></ruby>がお<ruby>持<rt>も</rt></ruby>ちします

CD2-30

기본 문형 신출 어휘　　Basic Grammar New Words

- わたくし(私)　저(わたし의 겸양어)
- みょうにち(明日)　내일
- うかがいます(伺います) I　찾아 뵙겠습니다

- いたします I　하겠습니다
- いただきます I　받습니다, 먹습니다

기본 회화 신출 어휘　　Basic Dialogue New Words

- さくじつ(昨日)　어제
- はいけんします(拝見〜) III　봅니다
- まいります(参ります) I　옵니다

- なんのおかまいもしませんで(何のお構いも しませんで)　아무 대접도 못해 드렸는데…
- しょうちします(承知〜) III　알겠습니다
- しょうしょう(少々)　잠시

문법 설명 신출 어휘　　Grammar Explanation New Words

- もうします(申します) I　말합니다
- さしあげます(差し上げます) II　드립니다
- おります I　있습니다

- ぞんじています(存じています) II　압니다
- ございます I　있습니다, 입니다
- おつり　잔돈

응용 회화 신출 어휘

Exercise Dialogue New Words

- □ おせわになります(お世話になります) I
  신세를 집니다
- □ みぎもひだりもわかりません(右も左も分かりません)
  아무것도 모릅니다
- □ しどう(指導) 지도
- □ きたいします(期待〜) III 기대합니다
- □ あんないじょう(案内状) 안내장
- □ このたび(この度) 이번, 금번

- □ とつぜん(突然) 갑자기
- □ じつは(実は) 실은, 사실은
- □ わたくしども(私ども) 저희
- □ しんしょうひん(新商品) 신상품
- □ すすめます(進めます) II 진행시킵니다
- □ しゃ(社) 회사(会社의 겸양어)
- □ あす(明日) 내일

문형 연습 신출 어휘

Grammar Practice New Words

- □ きちょうだ(貴重だ) 귀중하다
- □ きず(傷) 흠집
- □ おうせつしつ(応接室) 응접실

- □ へいしゃ(弊社) 폐사, 저희 회사
- □ もの(者) 사람(人의 겸양어)

청해 연습 신출 어휘

Listening Practice New Words

- □ よろしいですか 괜찮겠습니까?

독해 연습 신출 어휘

Reading Practice New Words

- □ はいけい(拝啓) 삼가 아룁니다
  (편지 첫머리의 인사)
- □ けはい(気配) 기운, 기색
- □ ごぶさたしております(ご無沙汰しております)
  격조했습니다
- □ [お]かわり([お]変わり) 별고
- □ うけいれます(受け入れます) II 받아들입니다
- □ いっしょう(一生) 평생
- □ ひび(日々) 날들
- □ すごします(過ごします) I 지냅니다
- □ うかびます(浮かびます) I 떠오릅니다
- □ すみなれます(住み慣れます) II
  오래 살아 정듭니다
- □ とまどいます(戸惑います) I 당황합니다

- □ くらし(暮らし) 생활
- □ たのしみます(楽しみます) I 즐깁니다
- □ にっけいきぎょう(日系企業) 일본계 기업
- □ げんち(現地) 현지
- □ かつどう(活動) 활동
- □ やりがい 보람
- □ まかせます(任せます) II 맡깁니다
- □ しょちょう(所長) 소장
- □ しんじん(新人) 신입사원
- □ きかい(機会) 기회
- □ めいしょ(名所) 명소, 명승지
- □ おいのりもうしあげます(お祈り申し上げます)
  비옵니다, 기원합니다
- □ けいぐ(敬具) 삼가 올립니다(편지 끝의 인사)

CD2-31

1　お荷物は私がお持ちします。

2　明日私がそちらへ伺います。

3　コピーは私がいたします。

4　洪教授に論文を見ていただきました。

기본 회화   Basic Dialogue

CD2-32

A　昨日、メールをお送りしたんですが・・・。

B　ええ、拝見しました。先ほど返事をお出ししました。

A　どちらからいらっしゃったんですか。

B　韓国のソウルから参りました。

A　そろそろ失礼いたします。どうもお邪魔いたしました。

B　何のお構いもしませんで。

A　この服、ちょっと小さいので、取り替えて

　　いただけますか。

B　承知いたしました。

　　少々お待ちください。

1　겸양어

겸양어는 자신이나 자신과 관계 있는 사람을 낮춤으로써 상대방에게 경의를 나타내는 말이다. 상대방에게 자신의 가족, 회사의 상사에 관해 이야기할 때에도 겸양어를 사용한다.

2

お＋ Ⅰ그룹 동사 / Ⅱ그룹 동사 (ます형)　します

ご＋ Ⅲ그룹 동사의 한자부분　します

「お話しします」「ご連絡します」처럼「お＋Ⅰ그룹 동사/Ⅱ그룹 동사의 ます형＋します」「ご＋Ⅲ그룹 동사의 한자부분＋します」의 형식은 겸양어 중에서 가장 많이 쓰이는 형식이다. 동사의「ます형」이 1음절인 동사나 Ⅲ그룹 동사인「来ます」「します」는 이런 형식을 만들 수 없다.

		ます형		お～します
Ⅰ그룹	話します	はなし	→	お話しします
Ⅱ그룹	見せます	みせ	→	お見せします

		한자부분		ご～します
Ⅲ그룹	連絡します	れんらく	→	ご連絡します

▶ お荷物は私がお持ちします。 짐은 제가 들어 드리겠습니다.

▶ 昨日メールをお送りしたんですが…。 어제 이메일을 보내 드렸습니다만….

　―ええ、拝見しました。先ほど返事をお出ししました。

　　네, 보았습니다. 조금 전에 답장을 보내드렸습니다.

▶ 明日の午後、ご連絡します。 내일 오후에 연락해 드리겠습니다.

> **꼭 알아두세요!!**
>
> 「お～します」「ご～します」는 한국어의 '아/어 드리다'에 대응하는 경우가 많다.

3 겸양어의 특수형

존경어와 마찬가지로, 동사의 겸양어에도 몇몇 특수한 형태가 있다.

		겸양어	겸양어 (사전형)
見ます	→	拝見します	拝見する
食べます	→	いただきます	いただく
飲みます			
行きます	→	参ります	参る
来ます			
訪問します	→	伺います	伺う
聞きます			
します	→	いたします	いたす
言います	→	申します	申す
あげます	→	差し上げます	差し上げる
もらいます	→	いただきます	いただく
います	→	おります	おる
知っています	→	存じています	存じている
～てあげます	→	～て差し上げます	～て差し上げる
～てもらいます	→	～ていただきます	～ていただく
～ています	→	～ております	～ておる

*「知りません」의 겸양어는 「存じません」이다.

▶ 明日私がそちらへ伺います。 내일 제가 그 쪽으로 찾아 뵙겠습니다.

▶ 韓国のソウルから参りました。 한국의 서울에서 왔습니다.

▶ コピーは私がいたします。 복사는 제가 하겠습니다.

▶ 洪教授に論文を見ていただきました。 홍 교수님이 논문을 봐주셨습니다.

4 동사 ていただけますか

「～ていただきます」가 상대방에게 허가를 구하는 의미로 사용하는 경우에는 가능형인 「～ていただけますか」의 형식이 된다. 「～ていただけませんか」는 「～ていただけますか」보다 더욱 정중한 표현이다.

▶ この服、ちょっと小さいので、取り替えていただけますか。

이 옷, 좀 작으니 교환해 주시겠습니까?

▶ この服、ちょっと小さいので、取り替えていただけませんか。

이 옷, 좀 작으니 교환해 주시지 않겠습니까?

▶ 教えていただけますか。 가르쳐 주시겠습니까?

▶ 教えていただけませんか。 가르쳐 주시지 않겠습니까?

5 동사 (さ)せていただきます

사용 빈도가 높으며, 겸양의 정도도 「お / ご〜します」보다 높은 말이다. 동사의 사역형 「て형」 뒤에 「いただきます」를 붙여 만든다.

▶ 早速、資料を届けさせていただきます。 바로 자료를 보내 드리겠습니다.

▶ 明日、もう一度連絡させていただきます。 내일 한번 더 연락해 드리겠습니다.

정중하게 허가를 구하는 경우에는 「〜(さ)せていただけますか」나 「〜(さ)せていただけませんか」를 사용한다.

▶ 頭が痛いんですが、帰らせていただけますか。 머리가 아픈데요, 돌아가도 되겠습니까?

6 ございます / 명사 でございます

「あります」의 정중한 말투는 「ございます」이며, 「〜です」의 정중한 말투는 「〜でございます」이다.

▶ すみません、この近くにコンビニがありますか。

저기요, 이 근처에 편의점이 있나요?

―はい、ございます。ホテルの前の道を右に行かれますと、左にございます。

네, 있습니다. 호텔 앞에 있는 길에서 오른쪽으로 가시면 왼쪽에 있습니다.

▶ 社長、1つお伺いしたいことがございます。 사장님, 한 가지 여쭤보고 싶은 것이 있습니다.

▶ はい、青山企画プサン事務所でございます。 (전화로) 네, 아오야마 기획 부산 사무소입니다.

▶ あのう、お客様、おつりでございます。 저기, 손님, 잔돈입니다.

응용 회화 — Exercise Dialogue

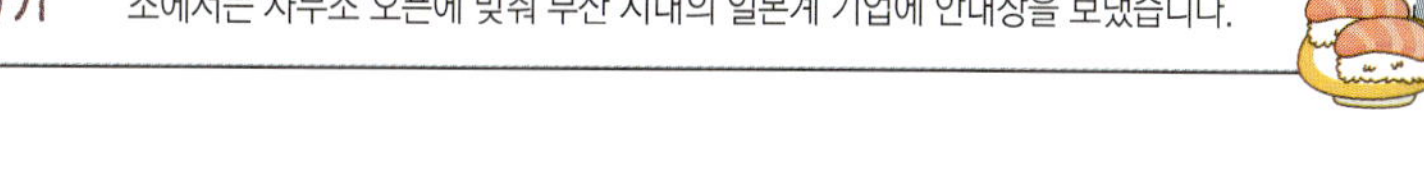

CD2-33

プサン事務所（じむしょ）

부산 사무소가 오픈했습니다. 서울지사의 박 부장이 소장을 겸합니다. 부소장으로는 이경화 씨가 취임했으며 신입사원인 야마다 다쿠야 씨도 여기에 합류했습니다. 부산 사무소에서는 사무소 오픈에 맞춰 부산 시내의 일본계 기업에 안내장을 보냈습니다.

(첫 출근을 한 야마다 씨가 박 부장과 이경화 씨에게 인사를 합니다)

山田　おはようございます。山田です。

今日からお世話になります。大学を

卒業したばかりで、右も左も分かりま

せんが、一生懸命頑張りますので、

ご指導よろしくお願いいたします。

朴　期待していますよ。こちらこそよろしく。

李　よろしくお願いします。いっしょに頑張りましょう。

(울리는 부산 사무실 전화. 이경화 씨가 대응합니다)

李　はい、青山企画プサン事務所でございます。

佐藤　私、角紅商事の佐藤と申します。お送りいただいた案内状、拝見しました。

李　いつもお世話になっております。また、この度は、突然お手紙を差し上げ、

失礼いたしました。

佐藤　いえ。実は、私どもでは、これから新商品の開発を進めていく予定なんです。

そこで、ぜひ、詳しいお話を伺いたいのですが。

李　ありがとうございます。早速、資料を届けさせていただきます。

佐藤　そうですか。では、一度社の方においでいただけますか。明日なら午後は

ずっと社におりますが…。

李　承知いたしました。私、李京花と申します。では、明日の午後、お伺いします。

부산 사무소가 새롭게 시작되었습니다. 앞으로 어떤 일이 펼쳐질까요? 이경화 씨와 신입사원인 야마다 씨의 활약이 기대됩니다.

1　다음과 같이 바꿔서 연습하세요.

> 예1　　持ちます → お持ちします

(1) 送ります　　　　(2) 出します　　　　(3) 読みます

(4) 届けます　　　　(5) 待ちます　　　　(6) 貸します

> 예2　　連絡します → ご連絡します

(1) 案内します　　　(2) 説明します　　　(3) 紹介します

(4) 報告します　　　(5) 用意します　　　(6) 相談します

2　다음과 같이 (　　　)의 문장을 바꿔서 질문에 답하세요.

> 예　　A：どちらからいらっしゃいましたか。
> 　　　B：(韓国から来ました) → 韓国から参りました。

(1) A：名前は何とおっしゃいますか。

　　B：(金と言います)

(2) A：アルバムをご覧になりましたか。

　　B：(はい、見ました)

(3) A：何を召し上がりましたか。

　　B：(お寿司を食べました)

(4) A：明日のパーティーにいらっしゃいますか。

　　B：(いいえ、行きません)

(5) A：もうスミスさんに連絡されましたか。

　　B：(はい、連絡しました)

(6) A：来週の予定をお聞きになりましたか。

　　B：（はい、聞きました）

(7) A：日本酒を召し上がりますか。

　　B：（はい、飲みます）

(8) A：明日何時まで会社にいらっしゃいますか。

　　B：（3時ごろまでいます）

3 다음과 같이 밑줄 부분을 바꿔서 연습하세요.

> 예1　論文を見ます → 論文を見ていただき、ありがとうございました。

(1) 写真を見せます　　　　　　　　(2) 東京大学に連れていきます

(3) 洪教授を紹介します　　　　　　(4) 貴重な本を貸します

(5) 車で送ります　　　　　　　　　(6) 日本料理をごちそうします

> 예2　小さいので、取り替えます → 小さいので、取り替えていただけますか。

(1) 最新のを見せます　　　　　　　(2) 電話番号を教えます

(3) これの使い方を説明します　　　(4) 傷があるので、取り替えます

(5) わたしが書いた手紙を見ます　　(6) 派手過ぎるので、取り替えます

> 예3　届けます → では、届けさせていただきます。

(1) 明日休みます　　　　　　　　　(2) 4時半に帰ります

(3) 荷物をここに置きます　　　　　(4) 応接室を使います

(5) 弊社の者を紹介します　　　　　(6) スピーチを終わります

4　　　　　　　에 적당한 어구를 단어, 대화를 완성하세요.

> 예　韓国（かんこく）のどちらからいらっしゃいましたか。—ソウルから参（まい）りました。

(1) 明日（あした）、家（いえ）にいらっしゃいますか。—はい、　　　　　　　。

(2) どうぞ、お茶（ちゃ）を召（め）し上（あ）がってください。—ありがとうございます。　　　　　　　。

(3) だれがくださいましたか。—長島（ながしま）さんに　　　　　　　。

(4) 明日（あした）2時（にじ）に来（き）てください。—はい。2時（にじ）に　　　　　　　。

5　올바른 쪽에 ○를 하세요.

> 예　私（わたくし）が李（イー）で（ございます・いらっしゃいます）。

(1) お名前（なまえ）は何（なん）と（申（もう）します・おっしゃいます）か。

　　—李（イー）と（申（もう）します・おっしゃいます）。

(2) 美術館（びじゅつかん）で先生（せんせい）の絵（え）を（拝見（はいけん）なさい・ご覧（らん）になり）ましたか。

　　—はい、（拝見（はいけん）しました・ご覧（らん）になりました）。

(3) もう昼（ひる）ご飯（はん）は（いただきました・お済（す）みになりました）か。

　　—はい、（いただきました・お済（す）みになりました）。

(4) わたしは加藤（かとう）さんにはたいへんお世話（せわ）になって（おります・いらっしゃいます）。

(5) 用事（ようじ）があるので、そろそろ

　　（失礼（しつれい）していただきます・失礼（しつれい）させていただきます）。

　　—そうですか。では、どうぞ（お気（き）をつけて・気（き）をつけます）。

청해 연습 Listening Practice

1 CD를 듣고, 아래에서 적당한 답변을 고르세요. CD2-34

예　A：李でございます。
　　　—（　　　a　　　）。

(1)　　　　　(2)　　　　　(3)　　　　　(4)　　　　　(5)

a はじめまして、佐藤です

b いいえ、取りに伺います

c はい、よく存じています

d 午前中なら、おります

e これ、召し上がりますか

f 傘をお貸ししましょうか

2 CD를 듣고, 내용과 일치하는 것에는 ○, 일치하지 않는 것에는 ×를 하세요. CD2-35

예　男の人は青山企画に電話をかけましたが、李さんはいませんでした。　（　×　）

(1) 男の人は女の人にパンフレットを送ってもらいます。　（　　　）

(2) 男の人は正子さんに後でもう一度電話をすると言いました。　（　　　）

(3) 今日、青山企画の森さんは、角紅商事の田中さんを2時に訪ねるつもりです。（　　　）

吉田課長への手紙

拝啓
　暑かった夏も終わり、そろそろ秋の気配を感じるようになりました。ご無沙汰しておりますが、お変わりないでしょうか。
　日本滞在中はたいへんお世話になりました。仕事らしい仕事もできず、皆様には何かとご迷惑をおかけしました。それでも、家族のように温かく私を受け入れてくださり、本当にありがとうございました。日本での生活は一生忘れられません。皆様と楽しく過ごした日々は、まるで昨日のことのように頭に浮かんできます。
　私はこの8月から、プサン事務所で働いております。住み慣れたソウルからプサンへの転勤で、初めは戸惑うこともありましたが、今ではプサンの暮らしを楽しんでおります。
　プサンでは、日系企業の現地での宣伝活動など、やりがいのある仕事を任せられています。現在のスタッフは、朴所長と新人の山田さんと、私の3人ですが、山田さんは新人らしく、一生懸命にやってくれています。
　プサンにおいでになる機会がございましたら、ぜひご連絡ください。プサンの名所を案内させていただきます。
　ご家族の皆様にもよろしくお伝えください。
　最後に、課長のご健康とご活躍をお祈り申し上げます。

敬具

九月二十三日

李 京花

吉田英一 様

내용과 일치하는 것에는 ○, 일치하지 않는 것에는 ×를 하세요.

1. 李さんはプサンでこの手紙を書いた。　　　　　　　　　　（　　　）
2. 李さんは前にプサンに住んだことがある。　　　　　　　　（　　　）
3. 李さんはプサンでの仕事がつまらないと思っている。　　　（　　　）
4. 山田さんは李さんの会社に入ったばかりだ。　　　　　　　（　　　）
5. 吉田課長は家族といっしょにプサンへ旅行する予定だ。　　（　　　）

경어와 '안과 밖'

경어는 경의를 보여야 한다고 생각되는 사람에게 말하는 경우에는 '존경어'를 사용하며, 경의를 보여야 하는 사람에 대해 자신이나 가족 등 자신과 가까운 사람을 낮춰 말하는 경우에는 '겸양어'를 사용합니다.

경어를 사용하는 기준으로서 연령이나 사회적 지위 고하 이외에도 「うちとそと(안과 밖)」라는 기준이 있습니다. 크게는 가족이나 회사 등, 자신이 속한 집단을 「うち(안)」, 그 외를 「そと(밖)」라고 할 수 있습니다. 「うち(안)」에 속한 사람의 이야기를 「そと(밖)」의 사람에게 할 때에는 그 「うち(안)」에 속한 사람이 자신보다 지위가 높은 사람이라 하더라도 존경어가 아닌 겸양어를 써서 이야기해야 합니다.

예를 들어 자신이 일하고 있는 회사에서 다른 회사 손님과 이야기를 할 때, 자신의 회사 사람에 관해서는 지위가 아무리 높은 사람이라도 겸양어를 쓰며, 존경어를 쓰지 않습니다.

▶**평사원이 다른 회사의 손님에게**

社長は木村と申します。 사장님은 기무라라고 합니다.

▶**아들이 아버지의 친구에게**

父は家におりません。 아버지는 집에 안 계십니다.

일본어를 공부하면서 경어 익히기에 고생을 하는 사람들이 많습니다. 하지만 일부러 신경쓰면서 경어를 사용하는 것보다는 정중한 말투만으로도 충분히 상대방에게 경의를 전할 수 있고, 여기에 이번 과에서 배운 표현 몇 개를 기억해 둔다면 아주 편리할 것입니다.

부록

まち　町

1	お寺（てら）	절	12	歩道橋（ほどうきょう）	육교
2	お墓（はか）	묘	13	映画館（えいがかん）	영화관
3	高速道路（こうそくどうろ）	고속도로	14	神社（じんじゃ）	신사
4	渋滞（じゅうたい）	정체	15	ホテル	호텔
5	料金所（りょうきんじょ）	톨게이트	16	駐車場（ちゅうしゃじょう）	주차장
6	交通事故（こうつうじこ）	교통사고	17	交番（こうばん）	파출소
7	パトカー	순찰차	18	ガソリンスタンド	주유소
8	救急車（きゅうきゅうしゃ）	구급차	19	幼稚園（ようちえん）	유치원
9	病院（びょういん）	병원	20	商店街（しょうてんがい）	상점가
10	学校（がっこう）	학교	21	通行止め（つうこうどめ）	통행금지
11	劇場（げきじょう）	극장	22	タクシー乗り場（のりば）	택시 승차장

23	歩道（ほどう）	인도	34	自転車（じてんしゃ）	자전거
24	ベビーカー	유모차	35	バイク	오토바이
25	車道（しゃどう）	찻길	36	ごみ収集車（しゅうしゅうしゃ）	쓰레기차
26	交差点（こうさてん）	사거리	37	トラック	트럭
27	横断歩道（おうだんほどう）	횡단보도	38	消防車（しょうぼうしゃ）	소방차
28	信号（しんごう）	신호등	39	2人乗り（ふたりのり）	자전거에 둘이 타기
29	橋（はし）	다리	40	ポスト	우체통
30	バス停（てい）	버스 정류장	41	電話ボックス（でんわ）	공중전화 박스
31	電柱（でんちゅう）	전봇대	42	自動販売機（じどうはんばいき）	자동판매기
32	電線（でんせん）	전선	43	看板（かんばん）	간판
33	地下道（ちかどう）	지하도			

オフィス

1	受付（うけつけ）	접수	11	棚（たな）	장	21	ごみ箱（ばこ）	쓰레기
2	ロビー	로비	12	資料室（しりょうしつ）	자료실	22	ファックス	팩스
3	ソファー	소파	13	給湯室（きゅうとうしつ）	급탕실	23	タイムカード	타임
4	社長室（しゃちょうしつ）	사장실	14	コーヒーメーカー	커피메이커	24	予定表（よていひょう）	예정
5	秘書（ひしょ）	비서	15	喫煙所（きつえんじょ）	흡연실	25	シュレッダー	문서
6	金庫（きんこ）	금고	16	デスク	책상	26	コピー機（き）	복사
7	会議室（かいぎしつ）	회의실	17	電気スタンド（でんき）	스탠드	27	カレンダー	달력
8	ホワイトボード	화이트보드	18	ロッカー	사물함	28	お弁当（べんとう）	도시
9	応接室（おうせつしつ）	응접실	19	ハンガー	옷걸이	29	セロハンテープ	스카
10	倉庫（そうこ）	창고	20	傘立て（かさたて）	우산꽂이	30	鉛筆（えんぴつ）	연필

31	消し**ゴム**	지우개	42	ガムテープ	포장용 테이프
32	ボールペン	볼펜	43	のり	풀
33	手帳	수첩	44	修正液	수정액
34	付せん	포스트 잇	45	名刺	명함
35	封筒	봉투	46	電卓	계산기
36	便せん	편지지	47	ホッチキス	스테이플러
37	印鑑	도장	48	はさみ	가위
38	マグカップ	머그컵	49	押しピン	압정
39	ファイル	파일	50	クリップ	클립
40	メモ帳	메모장	51	定規	자
41	鉛筆削り器	연필 깎기	52	引き出し	서랍

自然

1	太陽	태양
2	雲	구름
3	虹	무지개
4	空	하늘
5	星	별
6	月	달
7	湖	호수
8	ダム	댐
9	山	산
10	谷	계곡
11	滝	폭포
12	川	강
13	泉	샘
14	砂漠	사막
15	森	숲
16	温泉	온천
17	井戸	우물
18	畑	밭
19	田んぼ	논
20	海岸	해안
21	砂浜	모래사장
22	灯台	등대
23	海	바다
24	波	파도
25	火山	화산
26	島	섬
27	船	배
28	港	항구

동사

はし
走ります

た
立ちます

き
聞きます

ある
歩きます

すわ
座ります

はな
話します

よ
読みます

あ
開けます

お
押します

か
書きます

し
閉めます

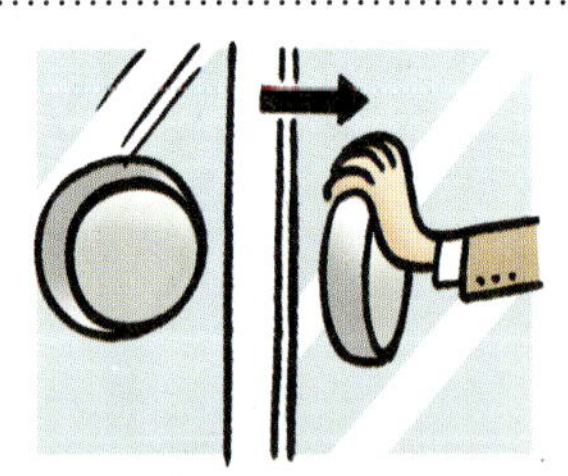

ひ
引きます

と
飛びます

も
持ちます

うた
歌います

た
食べます
の
飲みます
ね
寝ます
お
起きます
あら
洗います
ぬ
脱ぎます
き
着ます
はこ
運びます
す
吸います
わら
笑います
な
泣きます
おど
踊ります
およ
泳ぎます
う
打ちます
な
投げます

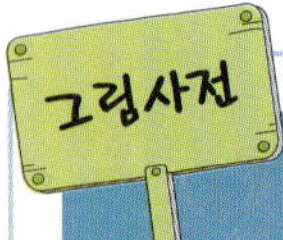

그림사전

형용사

新(あたら)しい

明(あか)るい

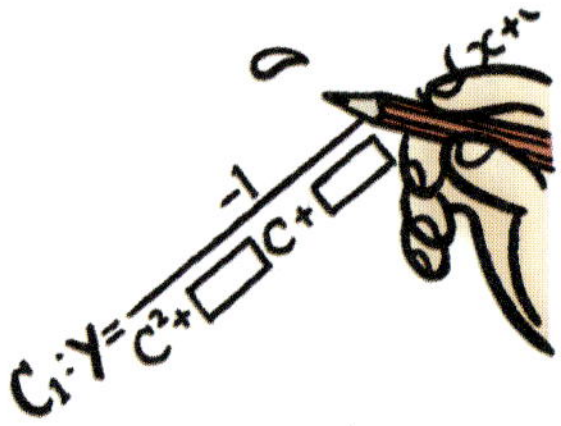

難(むずか)しい

古(ふる)い

暗(くら)い

易(やさ)しい

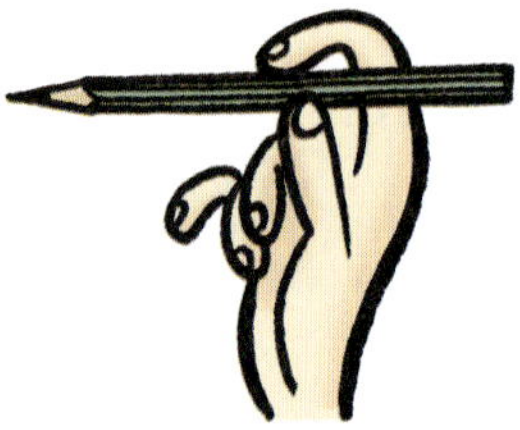

長(なが)い

速(はや)い

硬(かた)い

短(みじか)い

遅(おそ)い

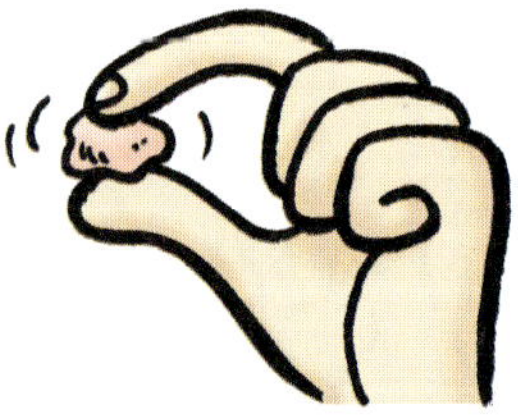

柔(やわ)らかい

痛(いた)い

かゆい

眠(ねむ)い

熱い
暑い
厚い
冷たい
寒い
薄い
大きい
太い
高い
小さい
細い
低い
おいしい
まずい
うるさい

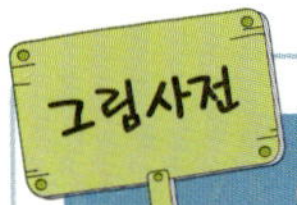

의성어 · 의태어

ぎゅうぎゅう

くたくた

すやすや

ぱくぱく

ごくごく

すらすら

にこにこ

じろじろ

ぺらぺら

ザーザー

ガタガタ

ワンワン

ニャーニャー

コケコッコー

ブーブー

전문분야

学部・学科 학부・학과

文学	문학	体育学	체육학	工学	공학
哲学	철학	医学	의학	土木工学	토목공학
言語学	언어학	薬学	약학	電子工学	전자공학
心理学	심리학	化学	화학	電気工学	전기공학
政治学	정치학	生物学	생물학	機械工学	기계공학
国際関係学	국제관계학	天文学	천문학	遺伝子工学	유전공학
法律学	법학	農学	농학	コンピュータ工学	컴퓨터공학
経済学	경제학	地学	지학	芸術	예술
経営学	경영학	数学	수학	美術	미술
社会学	사회학	物理学	물리학	音楽	음악
教育学	교육학	建築学	건축학		

음악과 영화

音楽 음악

クラシック	클래식	ポップス	팝	ラテン	라틴
オペラ	오페라	ロック	록	演歌	엔카(일본의
ジャズ	재즈	ラップ	랩		전통가요)
		ブルース	블루스	民謡	민요

映画 영화

恋愛映画	로맨스 영화	ミステリー映画	미스터리 영화	ドキュメンタリー	다큐멘터리
SF映画	SF 영화	アクション映画	액션 영화	ミュージカル映画	뮤지컬 영화
ホラー映画	공포 영화	アニメ	애니메이션		

黒（くろ）	검정	ピンク	분홍, 핑크	紺（こん）	감색
白（しろ）	하양	水色（みずいろ）	하늘색	茶色（ちゃいろ）	갈색
赤（あか）	빨강	黄緑（きみどり）	노란빛이 나는 녹색	紫（むらさき）	보라색
青（あお）	파랑	オレンジ	오렌지	金色（きんいろ）	금색
緑（みどり）	녹색	ベージュ	베이지	銀色（ぎんいろ）	은색
黄色（きいろ）	노랑	灰色（はいいろ）	회색		

ニューヨーク	뉴욕	上海（シャンハイ）	상해, 상하이
ロサンゼルス	로스앤젤레스	シドニー	시드니
サンフランシスコ	샌프란시스코	ロンドン	런던
ワシントンＤＣ（ディーシー）	워싱턴	パリ	파리
マニラ	마닐라	ローマ	로마
バンコク	방콕	ベルリン	베를린
シンガポール	싱가포르	モスクワ	모스크바
北京（ペキン）	북경, 베이징		

楽器（がっき）	악기	小太鼓（こだいこ）	작은북
ピアノ	피아노	大太鼓（おおだいこ）	큰북
オルガン	오르간	ティンパニー	팀파니
アコーディオン	아코디언	シンバル	심벌즈
エレクトーン	전자오르간	トライアングル	트라이앵글
		タンバリン	탬버린
ギター	기타	カスタネット	캐스터네츠
バイオリン	바이올린		
ビオラ	비올라	シンセサイザー	신시사이저
チェロ	첼로	マラカス	마라카스
コントラバス	콘트라 베이스	ハーモニカ	하모니카
ハープ	하프	リコーダー	리코더
クラリネット	클라리넷	笛（ふえ）	피리
サキソフォン（サックス）	색소폰	三味線（しゃみせん）	일본식 3현 기타
オーボエ	오보에	鼓（つづみ）	일본식 장고
イングリッシュホルン	잉글리시 호른	琴（こと）	일본식 거문고
ファゴット	파고토	二胡（にこ）	중국식 해금
フルート	플루트	カヤグム	가야금
ピッコロ	피콜로		
		演奏（えんそう）します	연주합니다
トランペット	트럼펫	弾（ひ）きます	(기타, 피아노) 칩니다
チューバ	튜바		(바이올린) 켭니다
フレンチホルン	프렌치 호른	吹（ふ）きます	붑니다
トロンボーン	트럼본	たたきます	두드립니다

6 컴퓨터 용어

ウィンドウズ	윈도우	インターネット	인터넷
マッキントッシュ	매킨토시	Eメール	이메일
		アドレス	이메일 주소
ディスプレイ	모니터	＠	골뱅이
キーボード	키보드	ホームページ	홈페이지
マウス	마우스	ネットサーフィン	웹 서핑
マウスパッド	마우스패드		
USB	USB	インターネットカフェ	PC방
インストール	인스톨 / 설치		
ダウンロード	다운로드	設定します	설정합니다
CD-ROM	CD롬	接続します	접속합니다
フロッピー	플로피 디스크	保存します	저장합니다
クリック	클릭	添付します	첨부합니다

7 환경 · 에너지

環境保護	환경보호	資源	자원
環境破壊	환경파괴	石炭	석탄
公害	공해	石油	석유
大気汚染	대기오염	ガソリン	휘발유, 가솔린
排気ガス	배기가스	ガス	가스
酸性雨	산성비	電気	전기
フロンガス	프레온 가스	エネルギー	에너지
地球温暖化	지구온난화	太陽エネルギー	태양에너지
砂漠化	사막화	原子力発電	원자력발전
環境ホルモン	환경호르몬	水力発電	수력발전
電磁波	전자파	火力発電	화력발전
オゾン層	오존층	ダム	댐
ごみ	쓰레기	省エネ	에너지 절약
産業廃棄物	산업폐기물	エネルギー危機	에너지 위기
核廃棄物	핵폐기물	リサイクル	재활용
ダイオキシン	다이옥신		

こくないりょこう 国内旅行	국내여행	くうこう 空港ターミナル	공항터미널
かいがいりょこう 海外旅行	해외여행	とうじょうてつづ 搭乗手続き	탑승수속
りょこうだいりてん 旅行代理店	여행사	てにもつけんさ 手荷物検査	수하물 검사
れんきゅう 連休	연휴	しゅっこく 出国	출국
キャンセル	취소	めんぜいてん 免税店	면세점
キャンセル料 りょう	취소료	とうじょうぐち 搭乗口	탑승구
		とうじょうけん 搭乗券	탑승권
パックツアー	패키지 투어	ばん 〜番ゲート	~번 게이트
ヒッチハイク	히치하이크		
はんにちかんこう 半日観光	반나절 관광	りりく 離陸	이륙
てんじょういん 添乗員	수행 안내원	あんぜん 安全ベルト	안전벨트
つうやく 通訳	통역	ちゃくりく 着陸	착륙
ガイドブック	가이드북	きゅうめいどうい 救命胴衣	구명조끼
		きないしょく 機内食	기내식
パスポート	여권		
ビザ	비자	にゅうこく 入国	입국
		てにもつうけとじょ 手荷物受け取り所	수하물 수취대
こうくうけん 航空券	항공권	にゅうこくしんさ 入国審査	입국심사
マイレージ	마일리지	ぜいかん 税関	세관
こくないせん 国内線	국내선	けんえき 検疫	검역
こくさいせん 国際線	국제선	りょうがえ 両替	환전
ファーストクラス	퍼스트클래스		
ビジネスクラス	비즈니스클래스	たいしかん 大使館	대사관
エコノミークラス	이코노미클래스	りょうじかん 領事館	영사관

社長 (しゃちょう)	사장	アルバイト	아르바이트
副社長 (ふくしゃちょう)	부사장	派遣社員 (はけんしゃいん)	파견사원
取締役 (とりしまりやく)	중역, 임원, 이사		
重役 (じゅうやく)	중역	上司 (じょうし)	상사
部長 (ぶちょう)	부장	部下 (ぶか)	부하
課長 (かちょう)	과장	同僚 (どうりょう)	동료
係長 (かかりちょう)	계장	新入社員 (しんにゅうしゃいん)	신입사원
社員 (しゃいん)	사원	秘書 (ひしょ)	비서
		受付 (うけつけ)	접수
総務部 (そうむぶ)	총무부		
人事部 (じんじぶ)	인사부	本社 (ほんしゃ)	본사
経理部 (けいりぶ)	경리부	支社 (ししゃ)	지사
営業部 (えいぎょうぶ)	영업부	本店 (ほんてん)	본점
広報部 (こうほうぶ)	홍보부	支店 (してん)	지점
工場 (こうじょう)	공장	支社長 (ししゃちょう)	지사장
工場長 (こうじょうちょう)	공장장	支店長 (してんちょう)	지점장
チーフ	치프, 주임		
リーダー	리더	営業所 (えいぎょうしょ)	영업소
主任 (しゅにん)	주임	所長 (しょちょう)	소장

＊괄호 안의 과는 활용형이 처음 나온 과를 나타낸다.

	ます형(제13과)	て형(제14과)	ない형(제19과)	사전형(제20과)	た형(제21과)
I	か(書)き　ます	かいて	かか　ない	かく	かいた
	い(行)き　ます	いって	いか　ない	いく	いった
	いそ(急)ぎ　ます	いそいで	いそが　ない	いそぐ	いそいだ
	と(飛)び　ます	とんで	とば　ない	とぶ	とんだ
	よ(読)み　ます	よんで	よま　ない	よむ	よんだ
	し(死)に　ます	しんで	しな　ない	しぬ	しんだ
	ま(待)ち　ます	まって	また　ない	まつ	まった
	う(売)り　ます	うって	うら　ない	うる	うった
	か(買)い　ます	かって	かわ　ない	かう	かった
	はな(話)し　ます	はなして	はなさ　ない	はなす	はなした
II	た(食)べ　ます	たべて	たべ　ない	たべる	たべた
	み(見)　ます	みて	み　ない	みる	みた
III	き(来)　ます	きて	こ　ない	くる	きた
	し　ます	して	し　ない	する	した

	ば형(제37과)	가능형(제38과)	수동·존경형(제41/48과)	사역형(제43과)
I	かけば	かける	かかれる	かかせる
	いけば	いける	いかれる	いかせる
	いそげば	いそげる	いそがれる	いそがせる
	とべば	とべる	とばれる	とばせる
	よめば	よめる	よまれる	よませる
	しねば	しねる	しなれる	しなせる
	まてば	まてる	またれる	またせる
	うれば	うれる	うられる	うらせる
	かえば	かえる	かわれる	かわせる
	はなせば	はなせる	はなされる	はなさせる
II	たべれば	たべられる	たべられる	たべさせる
	みれば	みられる	みられる	みさせる
III	くれば	こられる	こられる	こさせる
	すれば	できる	される	させる

문형 연습 및 청해 연습 해답

문형 연습 4.

(1) 押すと　　　　　(2) いい天気なら
(3) 困ったら　　　　(4) なければ
(5) 暑いなら　　　　(6) だったら , でも

문형 연습 5.

(1) しか　　　(2) だけ　　　(3) でも
(4) とか , とか　(5) でも

청해 연습 1.

(1) ビールを飲みに行きます。
(2) 昼ご飯を食べに行きます。
(3) 映画を見に行きます。
(4) 散歩をしに行きます。

청해 연습 2.

(1) ②
(2) ②

第38課

문형 연습 4.

(1) 借りられます　　(2) 覚えられません
(3) 食べられる　　　(4) 休めません
(5) 買える　　　　　(6) 飛べない

문형 연습 5.

(1) ×　　　　　(2) ×　　　　　(3) ○
(4) ○

청해 연습 1.

(1) ×　　　　(2) ○　　　　(3) ×
(4) ○　　　　(5) ○　　　　(6) ×

청해 연습 2.

(1) タイヤを取り替えれば乗れるようになると
言っています。
(2) もっと練習すれば勝てるようになると言って
います。
(3) もう少し安くすれば売れるようになると言っ
ています。

第39課

문형 연습 4.

(1) 話し　　　(2) 着て　　　(3) 買って
(4) 飲ん , 乗る　(5) 読まない　(6) 行けない
(7) 飲め　　　(8) して

문형 연습 5.

(1) d　　(2) a　　(3) e　　(4) c

문형 연습 6.

(1) 全然寝られません　(2) 暇だから
(3) あったために　　　(4) おいしくて
(5) 悪いから

청해 연습 1.

(1) 鈴木さんの家の電話番号を聞いてきます。

(2) 森さんに電話をかけてきます。

(3) 飲み物を買ってきます。

(4) コップを洗ってきます。

청해 연습 2.

(1) ○　　　(2) ×　　　(3) ○　　　(4) ○

第40課

문형 연습 4.

(1) に , が　　(2) も , を　　(3) の
(4) が　　　(5) に , が　　(6) で
(7) ば

문형 연습 5.

(1) ばかり　　(2) つもり　　(3) ところ
(4) ために　　(5) ように　　(6) なら , でも
(7) だけ

청해 연습 1.

(1) これから旅行に行くところだからです。

(2) これから大阪へ出張するところだからです。

(3) これから友達を空港へ迎えに行くところだから
　　です。

청해 연습 2.

(1) ○　　　(2) ○　　　(3) ×
(4) ○　　　(5) ×　　　(6) ×

第41課

문형 연습 4.

(1) 来られ　　　　　(2) 言われ

(3) 降られ　　　　　(4) 笑われ
(5) 注意され　　　　(6) 辞められ

문형 연습 5.

(1) 日本の小説は若い人に読まれています。

(2) 小野さんは部長に仕事を頼まれました。

(3) このソフトは多くの国で使われています。

(4) わたしは泥棒に時計を盗まれました。

(5) 昨日、小野さんは森さんに食事に誘われまし
　　た。

(6) わたしは上司に「もっと早く来い」と言われま
　　した。

문형 연습 6.

(1) で　　　　　(2) に , を
(3) か , ら　　　(4) で , に　　　(5) に

청해 연습 1.

(1) a　　　(2) d　　　(3) e　　　(4) c

청해 연습 2.

(1) ○　　　　　　　　　(2) ×

第42課

문형 연습 5.

(1) もらった　　　　(2) 初めてな
(3) 出席しない　　　(4) 正しい
(5) 休みの　　　　　(6) つけた

문형 연습 6.

(1) ので　　　(2) のに　　　(3) のに
(4) ので　　　(5) ので　　　(6) のに

청해 연습 1.

(1) c (2) f (3) b (4) d (5) e

청해 연습 2.

(1) a (2) b (3) d (4) e

第43課

문형 연습 5.

(1) 忘れたために (2) 休ませて

(3) つけるように (4) 腐りやすい

(5) 休まれた

문형 연습 6.

(1) にくい (2) やすい

(3) にくく, やすい (4) やすく

(5) にくい, やすい

청해 연습 1.

(1) × (2) × (3) ○

청해 연습 2.

(1) × (2) × (3) ○

(4) × (5) ○ (6) ×

第44課

문형 연습 6.

(1) 増える

(2) 痛, 歩き

(3) 新しくなった, 簡単な

(4) しかられた, 読んでいた

(5) 入られた, 出かけてしまった

(6) 日本製の

청해 연습 1.

(1) b (2) a (3) d (4) e

청해 연습 2.

(1) ○ (2) × (3) × (4) ○

第45課

문형 연습 5.

(1) おきます (2) いく

(3) しまいました (4) あげ

(5) み (6) あって

(7) もらった (8) くれません

(9) ほしい (10) きます

문형 연습 6.

(1) さ (2) に (3) も (4) て

청해 연습 1.

(1) b (2) e (3) c (4) a

청해 연습 2.

(1) ○ (2) ○ (3) ×

第46課

문형 연습 4.

(1) 早速 (2) まるで (3) 絶対に

(4) せっかく (5) いかにも

문형 연습 5.

(1) ② (2) ① (3) ② (4) ③

(1) 2時30分です。／2時半です。

(2) 12時です。

(3) 18日です。

(4) 木曜日です。

(5) 4月です。

第47課

문형 연습 5.

(1) くださいました

(2) なさいます

(3) 着かれた／お着きになった

(4) いらっしゃる

(5) 召し上がります

문형 연습 6.

(1) お入り　　　　　(2) お書き

(3) お集まり　　　　(4) ご参加

(5) ご利用

문형 연습 7.

(1) 何時に／いつ, いらっしゃいました

(2) どんな, ご覧になります

(3) お会いになります

(4) どのぐらい／どれぐらい／何年（ぐらい）,
　勉強されました

(5) 何で／どうやって,
　いらっしゃいます／来られます
　／おいでになります

청해 연습 1.

(1) c　　　(2) f　　　(4) e　　　(4) d

(5) g　　　(6) h　　　(7) a

청해 연습 2.

(1) ×　　　(2) ○　　　(3) ×　　　(4) ○

第48課

문형 연습 4.

(1) おります　　　　(2) いただきます

(2) いただきました　(4) 伺います／参ります

문형 연습 5.

(1) おっしゃいます, 申します

(2) ご覧になり, 拝見しました

(3) お済みになりました, いただきました

(4) おります

(5) 失礼させていただきます, お気をつけて

청해 연습 1.

(1) f　　　(2) e　　　(3) c

(4) d　　　(5) b

청해 연습 2.

(1) ○　　　(2) ×　　　(3) ○

청해 연습 Script

청해 연습 문제의 스크립트가 실려 있습니다. 단, 게재 내용은 부속 CD에 녹음되어 있는 것과는 완전히 같지 않습니다. 부속 CD에서는 질문의 실마리가 되는 어구 등이 녹음되어 있습니다만, 여기에는 음성 확인용으로써 필요한 내용만이 게재되었습니다.

第37課

청해 연습 1.

［예］A：お久しぶりですね。お元気ですか。
　　　B：ええ、相変わらずです。
　　　A：もし、時間があるなら、ちょっとお茶でも飲みませんか。
　　　B：いいですね。そうしましょう。

(1) A：お久しぶりですね。お元気ですか。
　　B：ええ、相変わらずです。
　　A：もし、時間があるなら、ちょっとビールでも飲みませんか。
　　B：いいですね。そうしましょう。

(2) A：お久しぶりですね。お元気ですか。
　　B：ええ、相変わらずです。
　　A：もし、時間があるなら、ちょっと昼ご飯でも食べませんか。
　　B：いいですね。そうしましょう。

(3) A：お久しぶりですね。お元気ですか。
　　B：ええ、相変わらずです。
　　A：もし、時間があるなら、ちょっと映画でも見ませんか。
　　B：いいですね。そうしましょう。

(4) A：お久しぶりですね。お元気ですか。
　　B：ええ、相変わらずです。
　　A：もし、時間があるなら、ちょっと散歩でもしませんか。
　　B：いいですね。そうしましょう。

청해 연습 2.

［예］A：新しいパソコン、安ければ買いますか。

B：そうですね…。今使っているのを、もう少し使ってみます。
⇒ この人は新しいパソコンを買いますか。
① はい、買います。
② いいえ、買いません。

(1) A：歓迎会のために予約したレストランの行き方、分かりますか。
　　B：森さんに聞けば分かるかもしれませんよ。
　　A：森さんは知らないんですって。
　　B：じゃあ、崔さんなら絶対に知っていますよ。崔さんがよく行くレストランですから。
⇒ だれに聞いたら分かりますか。
① 森さんに聞けば、分かります。
② 崔さんに聞けば、分かります。

(2) A：日曜日、天気がよければ、ピクニックに行きませんか。
　　B：いいですね。雨だったら、どうしますか。
　　A：そうですね…。雨だったら、来月にしましょう。
⇒ 日曜日、雨でもピクニックに行きますか。
① はい、雨でも行きます。
② いいえ、雨だったら行きません。

第38課

청해 연습 1.

［예］A：健康のために、何をしていますか。
　　　B：1週間に２回プールで泳ぐようにしています。

(1) A：健康のために、何をしていますか。
　　B：寝る前に食べないようにしています。

(2) A：健康のために、何をしていますか。
　　 B：毎日30分歩くようにしています。

(3) A：健康のために、何をしていますか。
　　 B：十分睡眠を取るようにしています。

(4) A：健康のために、何をしていますか。
　　 B：お酒をたくさん飲まないようにしています。

(5) A：健康のために、何をしていますか。
　　 B：できるだけ運動するようにしています。

(6) A：健康のために、何をしていますか。
　　 B：野菜をたくさん食べるようにしています。

청해 연습 2.

[예] A：英語がうまく話せないんですが…。
　　　 B：毎日CDを聞けば、話せるようになると思いますよ。
　　　 A：じゃあ、やってみます。

(1) A：この自転車はまだ乗れますか。
　　 B：タイヤを取り替えれば乗れるようになると思いますよ。
　　 A：じゃあ、やってみます。

(2) A：なかなか試合で勝てないんですが。
　　 B：もっと練習すれば勝てるようになると思いますよ。
　　 A：じゃあ、やってみます。

(3) A：この商品は売れるでしょうか。
　　 B：もう少し安くすれば売れるようになると思いますよ。
　　 A：じゃあ、やってみます。

第39課

청해 연습 1.

[예] A：お茶がなくなりましたね。
　　　 B：じゃあ、買ってきましょうか。
　　　 A：ええ、お願いします。

(1) A：鈴木さんの家の電話番号が分かりませんね。
　　 B：じゃあ、聞いてきましょうか。
　　 A：ええ、お願いします。

(2) A：森さんが来ませんね。
　　 B：じゃあ、電話をかけてきましょうか。
　　 A：ええ、お願いします。

(3) A：のどが渇きましたね。
　　 B：じゃあ、飲み物を買ってきましょうか。
　　 A：ええ、お願いします。

(4) A：コップが汚いですね。
　　 B：じゃあ、洗ってきましょうか。
　　 A：ええ、お願いします。

청해 연습 2.

[예] A：お帰りなさい。どこに行っていたんですか。
　　　 B：写真展を見てきました。
　　　 A：よかったですか。
　　　 B：眼鏡を忘れたために、よく見えませんでした。

(1) A：お帰りなさい。どこに行っていたんですか。
　　 B：映画を見てきました。
　　 A：よかったですか。
　　 B：内容が難しかったために、よく分かりませんでした。

(2) A：お帰りなさい。どこに行っていたんですか。
　　 B：ジャズを聞いてきました。
　　 A：よかったですか。
　　 B：疲れていたために、寝てしまいました。

(3) A：お帰りなさい。どこに行っていたんですか。
　　 B：ファッションショーを見てきました。
　　 A：よかったですか。
　　 B：時間に遅れたために、あまり見られませんでした。

(4) A：お帰りなさい。どこに行っていたんですか。
　　 B：東京ディズニーランドに行ってきました。
　　 A：よかったですか。
　　 B：財布をなくしたために、お土産が買えませんでした。

청해 연습 1.

[예] A：今からお茶を飲むところです。いっしょに
　　　　いかがですか。
　　　B：あっ、ありがとうございます。
　　　　　でも、これから出かけるところなので。
　　　A：じゃあ、また。いってらっしゃい。
　　　B：いってきます。

(1) A：今からテニスをするところです。
　　　　いっしょにいかがですか。
　　　B：あっ、ありがとうございます。でも、
　　　　これから旅行に行くところなので。
　　　A：じゃあ、また。いってらっしゃい。
　　　B：いってきます。

(2) A：今からみんなで食事に行くところです。
　　　　いっしょにいかがですか。
　　　B：あっ、ありがとうございます。でも、
　　　　これから大阪へ出張するところなので。
　　　A：じゃあ、また。いってらっしゃい。
　　　B：いってきます。

(3) A：今から買い物に行くところです。
　　　　いっしょにいかがですか。
　　　B：あっ、ありがとうございます。でも、
　　　　これから友達を空港へ迎えに行くところ
　　　　なので。
　　　A：じゃあ、また。いってらっしゃい。
　　　B：いってきます。

청해 연습 2.

[예] 雨はやんでいます。

(1) わたしは今起きたばかりです。
(2) 今コーヒーを飲んでいます。
(3) さっき新聞を読んだところです。
(4) これから掃除や洗濯をするところです。
(5) さっき崔さんから電話をもらったばかりです。
(6) 今、崔さんが好きな日本料理を作っていると
　　ころです。

청해 연습 1.

[예] A：うれしそうですね。
　　　B：先生にほめられたんです。

(1) A：元気がありませんね。
　　　B：課長にしかられたんです。

(2) A：眠そうですね。
　　　B：朝早く母に起こされたんです。

(3) A：元気がありませんね。
　　　B：友達に笑われたんです。

(4) A：どうしてそんなに怒っているんですか。
　　　B：バスの中で男の人に押されたんです。

청해 연습 2.

[예] A：遅かったですね。
　　　B：車をぶつけられてしまったんです。
　　　A：どこでぶつけられたんですか。
　　　B：高速道路です。
　　　A：それは大変でしたね。

(1) A：遅かったですね。
　　　B：急に仕事を頼まれてしまったんです。
　　　A：だれに頼まれたんですか。
　　　B：社長です。
　　　A：それは大変でしたね。

(2) A：遅かったですね。
　　　B：自転車を盗まれてしまったんです。
　　　A：どこで盗まれたんですか。
　　　B：駅前です。
　　　A：それは大変でしたね。

청해 연습 1.

[예] 2年間も日本語を勉強しているのに、

(1) おもしろいのに、
(2) 明日試験なので、

(3) 2年間日本語を勉強しているので、

(4) 明日試験なのに、

(5) おもしろいので、

청해 연습 2.

［예］李さんは親切だから、

(1) 李さんは優しい人だから、

(2) 今、夏ですから、

(3) まだ15分あるから、

(4) あと5分しかないから、

第43課

청해 연습 1.

［예］A：部長、すみませんが、明日休ませてください。
　　B：どうしたんですか。
　　A：妻が入院することになりました。
　　B：そうですか。それはいけませんね。お大事に。
　　A：ありがとうございます。

(1) A：部長、すみませんが、午後早退させて
　　　ください。
　　B：どうしたんですか。
　　A：両親を空港まで迎えに行きたいんです。
　　B：まあ、いいですよ。
　　A：ありがとうございます。

(2) A：部長、すみませんが、1年間休職させて
　　　ください。
　　B：どうしたんですか。
　　A：日本に留学したいんです。
　　B：そうですか。いいでしょう。頑張って
　　　ください。
　　A：ありがとうございます。

(3) A：部長、すみませんが、アメリカへ行かせ
　　　てください。
　　B：どうしたんですか。
　　A：広告の研究をしたいんです。

　　B：そうですか。社長と相談してみましょう。
　　A：ありがとうございます。

청해 연습 2.

今の親は子供に手伝いをさせません。勉強ばかりさせます。わたしが子供の時、母はよく家の手伝いをさせました。部屋の掃除や洗濯、食事の片付けなどです。わたしは料理が好きだったので、あまり手伝いなさいと言われませんでしたが、よく手伝いました。それでいろいろな料理の作り方を覚えましたから、よかったと思っています。もちろん、母は学校の勉強も頑張るように言いました。宿題や復習をきちんとしなければしかられました。でも、試験の成績が悪くてもしかられませんでした。

第44課

청해 연습 1.

［예］東京タワーの高さは

(1) スーツケースの重さは

(2) 寒い夏には

(3) 去年の夏は暑さが厳しかったので

(4) あの橋の長さは

청해 연습 2.

日本には100円で何でも買える店があります。品物の種類が多いのにはびっくりします。わたしもよく行きますが、安いので、つい買い過ぎてしまいます。要らない物も買ってしまうので、将来、家の中が使わない物でいっぱいになってしまうでしょう。これからは良く考えて買うことにします。

청해 연습 1.

[예] 疲れてきましたね。

(1) 汚れてきましたね。

(2) 寒くなってきましたね。

(3) 熱が下がってきましたね。

(4) おなかがすいてきましたね。

청해 연습 2.

[예] A：休みだし、天気もいいし、これからどこか
　　　行きませんか。
　　B：いいですね。わたしはハイキングに行きた
　　　いです。

(1) A：明日は土曜日だし、ボーナスも出たし、
　　　どこか行きませんか。
　　B：いいですね。わたしは京都に行きたいです。

(2) A：仕事も早く終わったし、みんなそろって
　　　いるし、どこか行きませんか。
　　B：いいですね。わたしはカラオケに行きた
　　　いです。

(3) A：暇だし、暑いし、どこか行きませんか。
　　B：いいですね。わたしは海に行きたいです。

第46課

청해 연습 1.

　[예] A：いつまでにこの仕事をしないといけませ
　　　　ん か。
　　　B：水曜日までにお願いします。
　　　A：もう少し遅くできませんか。
　　　B：そうですね。
　　　　じゃあ、2日だけ延ばしましょう。

(1) A：何時までにその会場へ行かないといけま
　　　せんか。
　　B：2時までにお願いします。
　　A：もう少し遅くできませんか。

B：そうですね。じゃあ、30分だけ延ばしま
　しょう。

(2) A：何時までにホテルに戻らないといけませ
　　　んか。
　　B：11時までにお願いします。
　　A：もう少し遅くできませんか。
　　B：そうですね。じゃあ、1時間だけ延ばし
　　　ましょう。

(3) A：何日までにお金を返さないといけません
　　　か。
　　B：15日までにお願いします。
　　A：もう少し遅くできませんか。
　　B：そうですね。じゃあ、3日だけ延ばしま
　　　しょう。

(4) A：何曜日までにプランを決めないといけま
　　　せんか。
　　B：水曜日までにお願いします。
　　A：もう少し遅くできませんか。
　　B：そうですね。じゃあ、1日だけ延ばしまし
　　　ょう。

(5) A：何月までにこのビルを完成させないとい
　　　けませんか。
　　B：3月までにお願いします。
　　A：もう少し遅くできませんか。
　　B：そうですね。じゃあ、1か月だけ延ばし
　　　ましょう。

第47課

청해 연습 1.

[예] いつこちらにいらっしゃいますか。

(1) お飲み物は何になさいますか。

(2) お仕事は何をなさっていますか。

(3) 日曜日は何をなさいますか。

(4) 何でいらっしゃいましたか。

(5) いつご覧になりましたか。

(6) 何を召し上がりましたか。

(7) 旅行はどちらにいらっしゃいますか。

청해 연습 2.

> わたしはプサンの大学で日本語を勉強しました。大学で日本語を教えてくださったのは中田先生です。先生は去年帰国されて、今大阪の大学で教えていらっしゃいます。
>
> わたしは先日お手紙を書きましたが、すぐお返事をくださいました。お手紙によると、3月に韓国にいらっしゃるそうです。わたしはいまから3月を楽しみにしています。

第48課

청해 연습 1.

［예］李でございます。

(1) 雨が降ってきてしまったよ。

(2) 忙しくて、まだ食事していないんです。

(3) あの方、ご存じですか。

(4) 明日会社にいらっしゃいますか。

(5) 音楽会のチケット、お届けしましょうか。

청해 연습 2.

［예］A：もしもし。

 B：はい、青山企画でございます。

 A：すみません、李さんいらっしゃいますか。

 B：はい、おります。少々お待ちください。

(1) A：もしもし。

 B：はい、青山企画でございます。

 A：すみません、会社のパンフレットありますか。

 B：はい、ございます。1部お送りしましょうか。

 A：ええ、お願いします。

(2) A：もしもし。

 B：はい、小野でございます。

 A：東京大学の山本と申しますが、正子さんいらっしゃいますか。

 B：正子は今出かけておりますが。

 A：そうですか。では、東京大学の山本から電話があったと伝えていただけませんか。

 A：はい、分かりました。

(3) A：もしもし。

 B：はい、角紅商事の田中でございます。

 A：あ、田中さんですか。青山企画の森です。今日ちょっとそちらに伺ってもよろしいですか。

 B：ええ、何時ごろいらっしゃいますか。

 A：2時ごろ伺います。

 B：分かりました。お待ちしております。

＊ 중국어판 제작진(2005.4월 제 1판 발행 시점)
（中国）
唐 磊　　　　　课程教材研究所　　教授
张国强　　　　　课程教材研究所　　副教授
张敏　　　　　　课程教材研究所　　副教授
刘粉丽　　　　　课程教材研究所　　讲师
李家祥　　　　　课程教材研究所　　讲师
原人民教育出版社编审张秉衡审阅了全书

（日本）
监修（按日语五十音顺排列）
甲斐　睦郎　　　　国立国语研究所　　所长
西尾　珪子　　　　社团法人国际日本语普及协会　　理事长
宫地　裕　　　　　大阪大学　　名誉教授

编辑委员（按日语五十音顺排列）
小野　秀樹　　　　东京都立大学
加藤　優子　　　　社团法人国际日本语普及协会
門脇　薫　　　　　山口大学
木村　英樹　　　　东京大学
張麟声　　　　　　大阪府立大学
戸田　佐和　　　　社团法人国际日本语普及协会
牧原　功　　　　　群马大学
水野　マリ子　　　神户大学
水野　義道　　　　京都工艺纤维大学
森山　卓郎　　　　京都教育大学
山本　紀美子　　　社团法人国际日本语普及协会

光村图书出版株式会社
紀伊　萬年　　　　常务董事　　企画总部长
林　清　　　　　　企画总部　　日本语科长
小原　緑恵　　　　企画总部　　日本语科
野村　智子　　　　企画总部　　日本语科

插图
橋本　聡
福本　えみ
矢向　優加

地图绘制
ジェイ・マップ

排版
北京人教聚珍图文制作有限公司

照片提供单位
国立劇場
国立能楽堂
世界文化フォト
日本相撲協会
フォト・オリジナル
フォート・キシモト

✽ 한국어판 편집위원

강석우　　　가톨릭대학교　동아시아언어문화학부　일어일본문화학과　교수
水野義道　　京都工芸繊維大学　大学院工芸科学研究科　准教授
生越直樹　　東京大学　大学院総合文化研究科　教授

✽ 한국어판 제작 스태프(시사일본어사)

김조웅
田立いずみ
임한준

✽ 일러스트 채색

八幡恵美子

STANDARD 標準日本語 初級 4

초판인쇄_ 2010년 2월 5일
초판발행_ 2010년 2월 10일

책임편집_ 김효주, 中原美菜子
디자인_ 신영미
펴낸이_ 엄호열
펴낸곳_ (주)시사일본어사
등록일자_ 1977년 12월 24일
등록번호_ 제300-1977-31호
주소_ 서울 종로구 원남동 13번지
전화_ 1588-1582(교재구입문의)
02)3671-0572(교재내용문의)
팩스_ 02)3671-0500
홈페이지_ http://book.japansisa.com
이메일_ tltk@chol.com

ISBN 978-89-402-4110-3 18730
ISBN 978-89-402-4106-6 18730

* 이 교재의 내용을 사전 허가없이 전재하거나 복재할 경우
법적인 제재를 받게 됨을 알려 드립니다.
* 잘못된 책은 구입하신 서점이나 본사에서 교환해 드립니다.
* 정가는 표지에 표시되어 있습니다.